*Por ti, en tu nombre, por tu bello recuerdo y
por tu eterno amor en mi ser; por siempre
¡gracias papá!*

La autora es profesora de tiempo completo en la
Universidad de las Américas-Puebla.

Agradecemos al
Hotel Crown Plaza de Puebla
las facilidades otorgadas para obtener
las fotografías de esta obra.

Administración de
COMEDOR y BAR

María del Carmen Morfín Herrera

EDITORIAL TRILLAS

México, Argentina, España,
Colombia, Puerto Rico, Venezuela ®

Catalogación en la fuente

Morfín Herrera, María del Carmen
    Administración de comedor y bar. -- 2a ed. --
México : Trillas, 2006.
    277 p. : il. ; 24 cm. -- (Trillas Turismo)
    Bibliografía: p. 269-270
    Incluye índices
    ISBN 968-24-7393-4

    1. Restaurantes, cafeterías, etc. - Administración.
Administración. I. t.

D- 647.95'M449a   LC- TX911.3.A3'M6.3   3639

División Administrativa
Av. Río Churubusco 385
Col. Pedro María Anaya, C. P. 03340
México, D. F.
Tel. 56884233
FAX 56041364

División Comercial
Calzada de la Viga 1132
C. P. 09439, México, D. F.
Tel. 56330995
FAX 56330870

www.trillas.com.mx

Miembro de la Cámara Nacional de
la Industria Editorial
Reg. núm. 158

Primera edición ST (ISBN 968-24-6230-4)
(SL)

Segunda edición, 2006
ISBN 968-24-7393-4

Impreso en México
Printed in Mexico

Introducción

Es de suma importancia para las personas que formamos parte de la actividad del medio turístico, en su gran campo de acción profesional del servicio de alimentos y bebidas, conocer la realidad y estar a la vanguardia en lo referente a la calidad con que se ofrece un servicio determinado para lograr el cumplimiento exitoso y satisfacer necesidades, deseos, gustos y exigencias de la persona que requiera del mismo, llámese cliente, comensal, turista y/o visitante.

Por ello, esta recopilación de información de la administración de comedor y bar, pretende favorecer a quienes se encuentran involucrados de una u otra manera en estas áreas, ya que se cree fácil, pero encaminarlas adecuadamente requiere de preparación, dedicación y actualización, y no da cabida a la improvisación.

En esta obra también se encontrará información general y necesaria para saber identificar y diferenciar los licores que se sirven en los establecimientos de alimentos y bebidas, se hace hincapié en sus procesos de elaboración, como son: la fermentación, destilación, conservación y añejamiento o envejecimiento, si éstas lo requieren, con la finalidad de identificar y valorar cada proceso para lograr un producto diferenciado entre los de su misma clase o en la generalidad de bebidas alcohólicas.

Asimismo, esta obra pretende ser una herramienta de consulta general para facilitar la planeación, operación y apropiado funcionamiento del comedor y bar; identificar y valorar las diferentes bebidas alcohólicas que se sirven en estos establecimientos, para apoyar y/o aclarar conceptos varios de la real operación de la industria de alimentos y bebidas. Esta obra está dedicada a los actuales prestadores del servicio de alimentos y bebidas en sus programas de capacitación, así como para los estudiantes de nivel superior y en general a instituciones educativas, ya que presenta un vocabulario muy sencillo pero adecuado a la industria en cuestión, que les ayudará a obtener toda la información necesaria en un solo ejemplar.

Índice
de contenido

1

Origen, definición y presentación de un restaurante y clasificación de otros establecimientos de alimentos y bebidas

RESEÑA HISTÓRICA

Antiguamente, el hombre vivía de una rudimentaria agricultura, de una limitada caza y de la recolección de frutos silvestres. Los aderezaba a lo rústico, ya que apenas conocía el fuego. Desde entonces crea el *arte culinario* y escoge muy bien sus alimentos.

En Roma existieron los *thermopoliums* algo así como un *snack-bar* (cantina donde se sirven botanas ligeras) así como las *tabernas* (lugares de alojamiento) para público en general, donde servían un menú básico con vino para los huéspedes (Dupré, 1997).

En este país se adoraba a varios dioses, entre los que se encontraban Gasteria (que significa gastronomía) y Oinos, dios del vino. A los hongos los llamaban "carne de los dioses". Era toda una ceremonia cuando se tenía algún invitado a comer, pues se desnudaban y comían con una bata blanca, supuestamente para que les cupiera más. Al regreso victorioso de Julio César desde Oriente, por primera vez, se dio de comer a 260 000 personas en varias jornadas en las cuales se sirvieron 22 000 mesas.

En 1765, Boulanger Carpentier abrió el primer establecimiento en la calle de Poulies en París, donde sólo se admitía a gente que fuese a comer. En tal institución servían –en mesas de mármol–, aves muy condimentadas, huevos y consomés. Boulanger hizo pintar en la puerta: "*Venid ad me ommis qui stomacho laboratis, ego restaurabo vos*", que significa "Venid a mí los que sufrís del estómago, que yo os restauraré" (Dupré, 1977).

A partir de 1800 comenzó a ser popular el comer fuera de casa, por co-

A partir de 1800 comenzó a ser popular el comer fuera de casa, por comodidad y porque estaba la moda establecida por el hotelero César Ritz. Tuvo éxito gracias a la observación de los detalles, halagos y gusto por satisfacer a sus clientes; dejándonos su gran escuela de ofrecer y fomentar siempre una especialización del servicio.

Menciona Dupré (1997) que en 1826 se estableció en la ciudad de Nueva York el primer restaurante estadounidense *Delmonico's*, con un menú sencillo que ofrecía vinos, pasteles de chocolate y helados; su fundador fue John Delmonico. En 1832, Lorenzo Delmonico funda *Banquetes Delmonico's*; éste brindaba el primer menú impreso en inglés y francés, el cual contenía 371 platillos para ordenar. En 1876 se instala el primer servicio rápido con el nombre *Harvey Girls*. Este concepto fue adaptado por lo que ahora conocemos como establecimientos de comida rápida *fast food*; actualmente su principal representante es la cadena restaurantera *McDonald's*.

IMPORTANCIA DEL SERVICIO DE ALIMENTOS

La actividad del servicio de alimentos en Estados Unidos, según Rocco y Andrew (1994), actualmente emplea más de nueve millones de personas en 730 620 establecimientos y espera emplear 12.4 millones de trabajadores para el 2005. Se conoce que los días más populares para comer fuera de casa son, en este orden: sábados, viernes y domingos, y el menos popular es el lunes. Esta industria emplea en mayor proporción a mujeres, ya que de cada 10 empleos, siete los ocupan mujeres. También se sabe que existe mayor número de restaurantes pequeños e independientes que grandes, sin embargo, estos últimos cuentan con programas de capacitación exitosos, por lo que sacan gran ventaja a los negocios pequeños.

Según Rocco y Andrew (1994), hoy día el gran mercado del servicio de alimentos se visualiza a partir de diez grupos segmentados o mercados que se describen brevemente a continuación:

1. LUGARES PARA COMER Y BEBER

Es el segmento más grande de la industria de alimentos y bebidas. Su menú contempla más de una docena de platillos. En estos lugares se prepara o cocina en el momento de levantar la comanda (orden del comensal). Existen diferentes establecimientos de este tipo:

RESTAURANTE DE MENÚ COMPLETO

El menú puede ser formal o casual. Se clasifica en términos de precio, menú, atmósfera y otros.

Precio: alto, medio y bajo.

Menú: especial y étnico.

Atmósfera: arquitectura, diseño y decoración.

Otros: existe además el restaurante que integra estratégicamente los conceptos de decoración, atmósfera (ambiente) y un menú especial; en la actualidad es muy difícil encontrarlo ya que llega a medir aproximadamente 5000 m^2.

RESTAURANTE DE MENÚ LIMITADO

Como su nombre lo señala, este tipo de restaurante cuenta con un menú limitado y se caracteriza por su servicio rápido; obviamente se considera el tiempo de preparación. Pueden dar servicio las 24 horas o tener un horario de apertura muy amplio. En estos lugares no existe servicio de vinos. Pretende ofrecer un menú nutricional balanceado. *McDonald's* fue el primero de esta clase.

Cafeterías comerciales

Estos establecimientos ofrecen un menú visible para seleccionar opciones; se caracterizan por su excelente sistema de control del dinero, por medio de comandas individuales, ya sea con atención a la mesa o en barra de servicio. En esta sección se incluye el cubierto de "todo lo que usted pueda comer" por un precio determinado. Asimismo, el servicio en línea es común en estas cafeterías que también ofrecen la exitosa opción de "comida para llevar" (Rocco y Andrew, 1994).

Centros sociales

Lugares especiales para servir alimentos en eventos sociales para toda ocasión, por lo regular conocidos como banquetes.

Neverías/heladerías

Lugares pequeños donde se sirve exclusivamente lo señalado en su nombre y en algunos casos se complementan con algunos panqués, pays o bocadillos ligeros.

Bares/tabernas

Su principal atractivo es la presentación de una amplia variedad de bebidas alcohólicas, acompañadas siempre por alguna botana, bocadillos o especialidades de la casa. La diferencia entre estos es que la estrategia de venta de las tabernas es la variedad de bocadillos o botanas que se ofrecen y del bar son la bebidas.

2. Restaurantes en lugares de hospedaje

Se encuentran en los hoteles y centros vacacionales; pueden ser propios del hotel o concesionarios por otras firmas, cadenas restauranteras o franquicias, en sus giros comerciales como restaurantes *gourmet* hasta *coffee-shop* (cafeterías) o de comida rápida.

Actualmente los hoteles y moteles presentan el servicio de alimentos y bebidas de manera agresiva, ya que el restaurante no es sólo un servicio que el hotel ofrece, "puede ser una herramienta de mercadeo muy poderosa" (Rocco y Andrew, 1994).

3. Servicio en medios de transporte y áreas de apoyo

En este segmento se ofrece todo tipo de alimentación en diferentes medios de transporte o áreas de apoyo como son los restaurantes ubicados en autopistas, terminales camioneras, ferroviarias y aeropuertos, así como el servicio a bordo de líneas aéreas, cruceros y trenes. En éstos se tiene contemplada una sencilla selección de vinos; su comida se caracteriza por ser nutritiva, en especial en nuestros días, ya que el aspecto nutricional forma parte importante de la cocina de las líneas aéreas.

En los cruceros ponen mucha atención en la preparación y servicio de alimentos y bebidas, ya que se ha hecho de éste un punto de mercadotecnia característico de su gran éxito.

4. Mercado de leisure (ocio/entretenimiento/diversión)

Ofrece todas las facilidades de servicio de alimentos y bebidas en áreas o zonas recreativas, tales como estadios, áreas deportivas, autódromos, teatros, boliches, parques de diversión, zoológicos, centros de convenciones y lugares para caza, entre otros. En general son concesionados y operan por volumen.

5. Tiendas

Este segmento responde a la modernidad y necesidades que nuestras tareas diarias nos exigen, previendo las tendencias de comer comida preparada fuera de casa, así como comprar la elaborada para llevar. Puesto que ahora se cocina menos en el hogar, puede adquirirse variedad de platillos para llevar, en tiendas, supermercados, tiendas departamentales y gasolineras.

6. INDUSTRIAS Y EMPRESAS

Este mercado conocido como comedores industriales ofrece servicio de alimentos a empleados de empresas o industrias. Por lo regular son operados por compañías dedicadas a ofrecer este servicio.

7. INSTITUCIONES EDUCATIVAS

Es un área en la que se ofrece un comedor especial para alumnos de universidades, colegios y escuelas. La compañía más fuerte en la República mexicana es *ARA'Service*, que ofrece un verdadero servicio especial para estudiantes.

8. INSTITUCIONES PARA EL CUIDADO DE LA SALUD

En este grupo se ofrece servicio de alimentos en hospitales, hogares de ancianos y comunidades de retiro. Proporcionan máquinas vendedoras, tiendas de café, cafetería para empleados, además de comida para doctores o dietas especiales para niños. Se ha observado que atienden tanto a los pacientes de los hospitales como a familiares de éstos, asimismo ofrecen una gran variedad de servicio *suite* para visitantes.

9. PRISIONES

Desafortunadamente la dieta de las prisiones se basa en un menú cíclico muy limitado.

10. SERVICIO A MILITARES

Es un segmento poco comercial, pero de gran actividad, en especial para manejar servicios de 100 comidas o más a la vez. En éste se contemplan alimentos especiales y de gran cuidado para militares, astronautas, marinos y personal de submarinos y clubes, entre otros.

ÉXITO O FRACASO DE ESTABLECIMIENTOS DE ALIMENTOS Y BEBIDAS.

Debemos visualizar ampliamente cada uno de estos segmentos para llevar a cabo el servicio de alimentos al cual nos queremos dedicar, ya que se invierte en estos negocios creyendo que son fáciles de operar y que no se necesita mayor conocimiento para su apertura, sin embargo, los principales motivos del cierre de restaurantes según Rocco y Andrew (1994), son:

- Carencia de conocimiento de negocios.
- Carencia de conocimiento de tecnología: planeación de menú, técnica de preparación, compras, producción y técnicas de servicio.
- Carencia de capital activo, ya que se gasta más dinero en el primer año, obviamente porque hay que solventar muchos gastos.

Por lo anterior, se hace una amplia recomendación a las personas interesadas en esta actividad, que consiste en tres puntos importantes:

1. Debe determinarse el concepto del restaurante, esto se refiere a distinguir el tipo de cliente que se desea y a partir de éste, detectar las necesidades a satisfacer, dónde trabaja o vive, cuándo adquiere (desayuno/comida/cena), cómo compra (comedor/llevar a casa) y desde luego detectar cuál es su competencia. Hasta este momento, podrá darle nombre, atmósfera, ubicación y menú-precio a su negociación.
No podemos olvidar que el menú va a determinar los detalles desde el principio, ya que gracias a éste se sabrá la decoración, número de asistentes, tipo de servicio, hora de operación, precio y nivel de inversión requerida.
2. Buscar el lugar adecuado para su concepto ya definido, basado en el criterio de población. Esto se refiere a que deben encontrarse las áreas de influencia dominante en dónde se localizará el restaurante; si lo quiere en el centro de la población, verificar cuántos negocios existen cerca del local seleccionado. Puede estar ubicado en algún centro comercial, dentro de alguna comunidad o en puntos estratégicos como intersecciones carreteras, siempre y cuando sea visible, con letreros y de fácil acceso.
3. Es recomendable realizar un estudio de mercado (*marketing*) donde se especifiquen las características de éste identificando adecuadamente la demanda local, respaldado con un análisis financiero que involucre el costo del terreno, construcción, equipo, mobiliario, capital de trabajo, preinventario, salario y capacitación antes de la apertura, así como la promoción y publicidad.

Con estas consideraciones tendrá una visión más amplia y consciente de lo que es y la importancia que se le debe dar a un negocio de alimentos. Hay que recordar que no se trata de un juego, es un giro comercial de lo más remunerable que existe, siempre y cuando se sepa cuidar, administrar y operar adecuadamente.

CONCEPTOS BÁSICOS EN RESTAURANTERÍA

Restaurante: establecimiento donde se preparan y venden alimentos y bebidas para consumirse ahí mismo en el que se cobra por el servicio prestado. El término se deriva del latín *restaurare*, que quiere decir recuperar o restaurar.

Gastronomía: palabra de origen griego, de *gaster* o *gastros* que quiere decir vientre o estómago y *nemein* que significa gobernar o digerir. Son los conocimientos de todo lo relacionado con la nutrición del hombre: arte de preparar y de comer un buen manjar.

Gourmet: persona capaz de juzgar y degustar la suculencia de un platillo o bebida.

Gastrónomo: gourmet capaz de hacer cualquier preparación.

La finalidad de los restaurantes y los bares es ofrecer al público productos (tangibles) y servicios (intangibles); el servicio consiste en atender a los clientes que acuden al restaurante o bar, y el producto son los alimentos o bebidas que se sirven. El servicio puede ser fijo o movible (en las instalaciones de los restaurantes y/o en salones especiales donde se brinda el servicio).

TIPOS DE RESTAURANTES

Según Torruco (1987), hay principalmente cuatro tipos de restaurantes que se relacionan y condicionan por tres factores: costumbres sociales, hábitos y requerimientos personales y presencia de corriente turística nacional y extranjera.

Restaurante gourmet (*full service*/servicio completo): ofrece platillos que atraen a personas aficionadas a comer manjares delicados. El servicio y los precios están de acuerdo con la calidad de la comida, por lo que estos restaurantes son los más caros.

Restaurante de especialidades: ofrece una variedad limitada o estilo de cocina. Estos establecimientos muestran en su carta una extensa variedad de su especialidad, ya sean mariscos, aves, carnes o pastas, entre otros posibles. Existe otro tipo de restaurante, que es fácil de confundir con el de especialidades como es el *restaurante étnico*, mismo que ofrece lo más sobresaliente o representativo de la cultura gastronómica de algún país (Dupré, 1997), es decir, pueden ser mexicanos, chinos, italianos, franceses, etcétera.

Restaurante familiar (*fast food*/comida rápida): sirve alimentos sencillos a precios moderados, accesibles a la familia. Su característica radica en la confiabilidad que ofrece a sus clientes, en términos de precios y servicio estándar. Por lo general, estos establecimientos pertenecen a cadenas, o bien, son operados bajo una franquicia consistente en arrendar el nombre y sistema de una organización.

Restaurante conveniente (*fast food*/servicio limitado): se caracteriza por su servicio rápido; el precio de los alimentos suele ser económico y la limpieza del establecimiento intachable, por lo que goza de confiabilidad y preferencia.

CLASIFICACIÓN DE ESTABLECIMIENTOS DE ALIMENTOS Y BEBIDAS

Muchas veces se presta a confusión el hablar de clasificación, ya que el lenguaje cotidiano nos ha orillado a ver, a nuestra conveniencia, el decorado y/o lo económico de sus menús y platillos, así como decir que por ser costoso es de lujo o es el mejor. Para mayor entendimiento, se presenta una subclasificación expuesta en *Servicios turísticos*, obra editada por Miguel Torruco M. y Manuel Ramírez B.

CLASIFICACIÓN POR EL TIPO DE COMIDA

En esta clasificación encontramos restaurantes:

1. Vegetarianos y macrobióticos.
2. De pescados y mariscos.
3. De carnes rojas.
4. De aves.

CLASIFICACIÓN POR LA VARIEDAD DEL SERVICIO

Restaurantes de autoservicio

Estos establecimientos se localizan en centros comerciales, aeropuertos, ferias, etc., donde el cliente encuentra una variedad de platillos que combina a su gusto. Los precios son bajos por el poco personal y además no se deja propina.

Restaurantes de menú y a la carta

Los restaurantes a la carta tienen una mayor variedad de platillos individuales, de modo que los clientes pueden elegir de acuerdo con sus apetencias y presupuesto. Los de menú ofrecen determinados platillos a un precio moderado.

Ambos pueden dividirse, a su vez, en:
- *De lujo*: con comida internacional, servicio francés y carta de vinos.
- *De primera y tipo medio*: ofrecen comida internacional o nacional

especializada, sin servicio francés ni carta de vino (opcional), pero con servicio americano.

- *De tipo económico*: ofrecen comida de preparación sencilla con servicios mínimos, también al estilo americano.[1]

Cafeterías, *drive-in*, restorrutas y similares

Las *cafeterías* presentan diversas modalidades en su servicio, lo cual las diferencia entre sí, aunque guardan características comunes al ofrecer comida sencilla y rápida, además de bebidas ligeras, generalmente con mantel individual.

Los *drive-in* (anglicismo que significa "servicio en su auto"), proporcionan servicio en el propio vehículo dentro del estacionamiento o pasando por una zona autorizada para que con el mismo automóvil solicite su servicio por medio de una bocina/micrófono y sin perder el orden de la fila, efectúe su pago en una ventanilla y recoja su pedido en una próxima.

Los *restorrutas* se encuentran estratégicamente en las carreteras y ofrecen servicios adicionales como gasolinerías, servicio de alimentos a la mesa o para llevar, y tienda de artículos típicos de la región, así como información turística. Por ejemplo, el parador de San Pedro, en la carretera a Querétaro, y el parador de la carretera Puebla-México, entre otros.

CLASIFICACIÓN POR CATEGORÍAS

Restaurantes

Los restaurantes se han clasificado en diferentes formas; en esta obra presentaremos los aspectos más importantes de la clasificación hecha por la Ordenación Turística de Restaurantes, Cafeterías, Bares, Cafés, Clubes, Salas de fiestas y Similares del Ministerio de Información y Turismo de la Secretaría General Técnica de Madrid de 1974, mencionada por Torruco y Ramírez (1987). En ésta se sugieren cinco grupos: de lujo, de primera clase, comercial, rango medio y económico o limitado. Con el listado de condiciones mínimas para lograr categoría, el lector logrará tener una visión general de aspectos sencillos pero indispensables, con las características que ayudarán al fácil reconocimiento de un establecimiento específico de servicios.

Restaurante de lujo (ᵜᵜᵜᵜᵜ)

Los restaurantes de lujo deben reunir varias características, en especial en el servicio; éste se efectuará personalizado y con innumerables detalles que halagarán al comensal. Este tipo de establecimiento deberá contar con una entrada independiente para clientes y otra exclusiva para personal; diferen-

---

[1] Miguel Torruco y Manuel Ramírez, *Servicios turísticos*, Diana, México, 1987, p. 89.

tes servicios que brinden comodidad al comensal como responsable o *valet parking* (acomodador de automóvil), sala de espera o área de bar donde la persona pueda esperar su mesa de comedor, un comedor con decoración, ambiente y equipo confortable para brindar un servicio adecuado, teléfono celular disponible para uso del cliente, aire acondicionado o calefacción en sus respectivos casos, sanitarios amplios e independientes, cocina funcional, loza, plaqué, cristalería y blancos de acuerdo con la decoración y concepto del restaurante. El servicio se efectuará directamente en las mesas con platillos que saldrán de la cocina con cubrefuentes o bien, que se prepararán a la vista del comensal, según sea el caso.

La cocina deberá tener almacén, cámaras frigoríficas y todo el equipo, así como la maquinaria necesaria para su funcionamiento. Todo el personal, tanto de contacto como de apoyo, tendrá a su disposición armarios (lockers) independientes y servicios sanitarios completos para el aseo personal de cada uno de ellos.

La carta del restaurante será la principal herramienta de venta, por la variedad de platillos divididos en sus tiempos correspondientes entradas, sopas, pastas, ensaladas, especialidades o sugerencias, carnes, aves, postres, etcétera, para el servicio que este tipo de establecimiento debe ofrecer.

Deberá mostrar una carta de bebidas alcohólicas, tanto de vinos y cervezas (bebidas fermentadas), como de aguardientes (bebidas fermentadas y destiladas). Destaca en este tipo de establecimiento el personal perfectamente presentado y uniformado, el cual deberá estar acorde con el lugar de lujo, con amplia capacitación y conocimiento de los productos que se venden en el mismo.

Restaurante de primera clase (🍴🍴🍴🍴)

Este tipo de restaurante, conocido como *full service* (servicio completo), tendrá un toque completo de servicios de acuerdo con la categoría del establecimiento. La diferencia con el anterior se encuentra en su herramienta de ventas: la carta o menú; ésta presentará de cinco a siete diferentes tiempos de servicio, así como una variedad limitada de bebidas alcohólicas. Su personal, tanto de apoyo como de contacto, deberá contar con la capacitación y conocimiento adecuado de los productos que prepara y vende. Aquellos platillos que lo requieran deberán salir de la cocina con cubrefuentes y otros podrán ser preparados a la vista del comensal.

Restaurante de segunda clase (🍴🍴🍴)

Este tipo de restaurante es también conocido como *turístico*. Puede tener acceso independiente para comensales, que en su defecto, será utilizada por el personal de servicio exclusivamente en las horas que no haya atención a los clientes. Con esta misma restricción se hará el abastecimiento de los diferentes proveedores. Su capacidad será más restringida en espacio y su carta contará con no más de seis tiempos a ofrecer, como ejemplo se describe:

1. Entremeses.
2. Sopas y cremas.
3. Verduras, huevos o pastas.
4. Especialidades de pescado.
5. Especialidades de carne.
6. Postres, dulces o helados y fruta.

El personal de contacto como de apoyo, deberá estar presentable y uniformado.

Restaurante de tercera clase (❦❦)

El acceso será utilizado tanto por comensales como por el personal del mismo; su mobiliario será apropiado: loza irrompible, plaqué inoxidable (cubiertos y/o utensilios), cristalería sencilla y en buen estado, servilletería y mantelería presentables. Deberá tener servicios sanitarios independientes para dama y caballero. La cocina dispondrá lo necesario para la conservación de productos alimenticios, con buena ventilación o en su caso, con un extractor de humo. El personal portará uniforme sencillo bien aseado (camisa, corbata de moño y zapatos de piel bien limpios) y atenderá a los clientes adecuadamente. Su carta o menú presentará tres o cuatro tiempos de servicios.

Restaurante de cuarta clase (❦)

Este establecimiento tendrá su comedor independiente de la cocina, plaqué inoxidable, loza irrompible, cristalería sencilla en buen estado de conservación, servilletas de tela o papel, servicios sanitarios decorosos y personal perfectamente aseado.

Su carta o menú, aunque sencillo, ofrecerá platillos de no más de tres diferentes tiempos:

1. Sopas.
2. Guisado/especialidades.
3. Postre de la casa o fruta.

Todo restaurante tiene la obligación de cuidar la calidad, presentación, sazón y limpieza de sus platillos, conservar el estilo, decoración y ambiente de su propio concepto de establecimiento. Cada restaurante debe preocuparse por conservar adecuadamente sus recetas y métodos de preparación, la presentación de cada platillo, el trato amable y cortés para cada uno de sus comensales. Es muy importante cuidar la limpieza en general de todo el establecimiento, el adecuado funcionamiento de los servicios sanitarios, la correcta presentación del personal de contacto como de apoyo, y contar con los permisos y acreditaciones legales para ofrecer el servicio de alimentos (véase tabla 1.1).

El criterio sobre los rangos de cada clasificación propuesta[2] son los siguientes:

Tabla 1.1. Características y servicios que se requieren para un sistema de clasificación de restaurantes.

Características	🍴🍴🍴🍴🍴	🍴🍴🍴🍴	🍴🍴🍴	🍴🍴	🍴
Entrada para clientes, independiente de la del personal de servicio	+	+	+	−	−
Guardarropa	+	+	+	−	−
Vestíbulo o sala de espera con bar	+	−	−	−	−
Comedor con superficie adecuada que permite brindar un eficaz servicio acorde con la categoría del establecimiento	+	+	+	+	+
Teléfonos con cabina aislada	+	−	−	−	−
Servicio telefónico	−	+	+	−	−
Aire acondicionado central	+	+	−	−	−
Aire acondicionado individual	−	−	+	−	−
Calefacción central	+	+	−	−	−
Calefacción individual	−	−	+	−	−
Sistema de sonido integral ambiental	+	+	−	−	−
Servicio sanitario independiente para damas y caballeros	+	+	+	+	+
Agua caliente y fría W. C.	+	+	+	+	+
Mingitorio con sistema de bombeo en el piso	+	+	−	−	−
Mingitorio normal	−	−	+	+	+
Jabonera líquida	+	+	+	−	−
Sistema de secado de manos con aire caliente	+	+	−	−	−
Toallas sanitarias	+	+	−	−	−
Pañuelos faciales perfumados	+	−	−	−	−
Mozo de baños	+	+	−	−	−
Ascensor (si el establecimiento cuenta con más de una planta	+	−	−	−	−
Salidas de emergencia adicionales	+	+	+	−	−

[2] Tomado de "Ordenación Turística de Restaurantes, Cafeterías, Bares, Cafés, Clubes, Salas de fiestas y Similares" del Ministerio de Información y Turismo de la Secretaría General Técnica de Madrid, mencionada en Miguel Torruco y Manuel Ramírez, *Servicios turísticos*, Diana, México, 1987, pp. 97-101.

Extintores	+	+	+	+	+
Extintor en manguera de agua	+	+	−	−	−
Decoración de calidad selecta	+	+	−	−	−
Decoración de calidad comercial	−	−	+	+	+
Mobiliario adecuado selecto	+	+	−	−	−
Mobiliario adecuado comercial	−	−	+	+	+
Lámparas	+	+	−	−	−
Candiles	+	−	−	−	−
Cuadros	+	+	−	−	−
Tapicería	+	−	−	−	−
Loza y plaqué selecto	+	+	−	−	−
Loza y plaqué comercial	−	−	+	+	+
Cristalería selecta	+	+	−	−	−
Cristalería comercial	−	−	+	+	+
Sistema de sonido integral comercial	+	+	−	−	−
Blancos adecuados al lujo	+	+	−	−	−
Mantel individual comercial	−	−	+	+	+
Buffet frío a la vista en el comedor	+	+	−	−	−
Shef and dish (equipo de flameado) a la vista del comensal	+	+	−	−	−
Mesa auxiliar o gueridón	+	−	−	−	−
Cubrefuentes	+	+	−	−	−
Aparador especial de productos	+	−	−	−	−
Almacén	+	+	+	−	−
Bodega	+	+	+	−	−
Cámara fría	+	+	−	−	−
Refrigerador	+	+	+	+	+
Despensa	−	−	−	+	+
Oficina, recepción y almacén	+	−	−	−	−
Mesa caliente	+	+	−	−	−
Hornos	+	+	+	+	−

Tabla 1.1. (*Continuación.*)

Características	🍴🍴🍴🍴🍴	🍴🍴🍴🍴	🍴🍴🍴	🍴🍴	🍴
Salamandra o gratinador	+	+	−	−	−
Parrilla o prusiana	+	−	−	−	−
Estufas	+	+	+	+	+
Batería (olla, sartén, cacerolas)	+	+	+	+	+
Tarjas	+	+	+	+	+
Campana	+	+	+	−	−
Extractores	+	+	+	+	+
Armario	+	+	+	−	−
Lockers para el personal	+	+	+	−	−
Baños con regadera para el personal	+	−	−	−	−
Ingreso independiente para el personal	+	−	−	−	−
Salida de emergencia para el personal de cocina	+	+	+	−	−
Carta y menú acorde con el lugar	+	+	+	+	−
Carta de vinos	+	+	−	−	−
Cava	+	−	−	−	−
Personal uniformado	+	+	+	−	−
Personal capacitado (estudios técnicos)	+	+	+	−	−
Personal entrenado en la materia	+	+	+	−	−
Personal con dominio de idioma	+	+	−	−	−
Sommelier o especialista de vinos	+	−	−	−	−
Maître	+	+	−	−	−
Chef	+	+	−	−	−
Chef ejecutivo con grado *cordon Blue*	+	−	−	−	−
	65	52	34	19	16

Clave:

+ Se requiere.
− No se requiere.

Categoría	Máximo	Mínimo
🍴🍴🍴🍴🍴	65 × 5 = 325	261 puntos
🍴🍴🍴🍴	52 × 5 = 260	171 puntos
🍴🍴🍴	34 × 5 = 170	96 puntos
🍴🍴	19 × 5 = 95	81 puntos
🍴	16 × 5 = 80	0

Se sugiere multiplicar los números totales por cinco puntos que calificarán las siguientes especificaciones:

1. Existencia (en muchas ocasiones la hay, se tiene pero sólo de adorno, sin servir o sin funcionar).
2. Apariencia física (presentable, oxidado, despintado, etc.).
3. Características (estorboso, pequeño, grande, "facilitador", etc.).
4. Funcionalidad (funciona para lo que se adquirió).
5. Discreción y eficiencia o productividad (capacidad de producción).

Si se da una calificación de los cinco puntos especificados a cada concepto, se obtendrá un rango por categoría. Se sugieren como base tales rangos para que cada restaurantero independiente pueda autoclasificarse, y tomar en cuenta que cada concepto no sólo debe existir sino existir bien, para lo que fue hecho; que tenga un elevado grado de funcionalidad, que no sea molesto, que su apariencia sea apropiada y no despintada o gastada, que produzca o sea eficiente y que no sólo esté de adorno, entre otros puntos a considerar.

Ahora bien, si se tiene y funciona adecuadamente cada una de sus instalaciones, tendrá los cinco puntos por concepto, pero si hacen mucho ruido, sus conductos de agua gotean, etcétera, se disminuirán puntos y de esta forma se dará una autoclasificación razonable y adecuada a los criterios mencionados.

Este mismo sistema de clasificación deberá aplicarse a las cafeterías, taquerías, bares, centros nocturnos y discotecas cuyas clasificaciones se presentan como una guía para valorar cualquier establecimiento de servicios de alimentos y bebidas, en las siguientes secciones.

En el 2003, restauranteros y dueños de establecimientos de alimentos y bebidas recomendaron sintetizar los puntos a evaluar por lo que se ajustaron los cinco puntos antes señalados en tres globales:

1. Existencia y apariencia física.
2. Características (qué lo hace diferente a los demás, un excelente facilitador de sus tareas.
3. Funcionalidad, discreción y eficiencia o productividad.

Cafeterías y taquerías

Las cafeterías se clasifican en tres categorías: especial, primera y segunda.[3]

Cafetería de categoría especial (☕ ☕ ☕)

Estos establecimientos se caracterizan por contar con un sistema de control eficiente, ya que aplica las comandas personalizadas e independientes para que con ello se aplique la venta por comensal; cuenta con cafeteras profesionales para brindar diferentes tipos y estilos de café, así como con una barra o mostrador visible para ofrecer opciones de ensaladas, variedad de platillos o servicio de barra para que la persona seleccione lo que más apetezca.

Tiene entrada para clientes independiente de la del personal de servicio; cuenta con estacionamiento, teléfono y servicios sanitarios cómodos e independientes; su mobiliario y decoración serán apropiados, cómodos y funcionales; además, loza, plaqué y cristalería adecuada y funcional para el servicio que su concepto ofrece, así como lugares de aseo para el personal. Su carta o menú es limitado, fijo y visible con tres o cuatro tiempos de servicio, con variedad de platillos en cada uno de ellos. Tiene personal de contacto (servicio) y de apoyo uniformado y capacitado para garantizar una atención rápida y eficiente. En ciertos casos ofrecen alguna carta de vinos o lista de bebidas.

Cafetería de primera categoría (☕ ☕)

En general, estos lugares cuentan con comandas personalizadas e independientes; con una misma entrada para comensales y trabajadores; en algunas ocasiones el abastecimiento de mercancías se hará en la misma entrada. Tienen servicio sanitario independiente; loza, plaqué y cristalería resistente; cafetera profesional y barra o mostrador visible. La carta o menú es limitada y fija, presenta tres o cuatro tiempos de servicio con poca variedad de platillos en cada uno de ellos. El personal se presentará en forma adecuada y uniformado ofreciendo un servicio rápido y eficiente. Puede incluir venta de cerveza.

Cafetería de segunda categoría (☕)

Este tipo de establecimiento cuenta con servicio de teléfono, sanitarios independientes, loza, cristalería y plaqué inoxidable en buen estado de conservación; además con una cafetera profesional y barra o mostrador apropiado para ofrecer el servicio al que está comprometido; su carta está

---

[3] Clasificación propuesta por la "Ordenación Turística de Restaurantes, Cafeterías, Bares, Cafés, Clubes, Salas de fiestas y Similares", del Ministerio de Información y Turismo de la Secretaría General Técnica de Madrid, mencionada en Miguel Torruco y Manuel Ramírez, *Servicios turísticos*, Diana, México, 1987, pp. 102-103.

limitada a algunos platillos y no más de tres tiempos de servicio a ofrecer. El personal uniformado deberá brindar un servicio eficiente.

En general, todas las cafeterías deberán ofrecer las sugerencias del día (comida corrida) o menú del día, con tres tiempos de servicio (sopa, guisado y postre). Estos sitios están comprometidos a cuidar la limpieza de sus instalaciones y servicios, así como la calidad de sus productos, dando preferencia y cuidado en la preparación de las comidas y bebidas con productos e ingredientes frescos y de calidad, en la presentación de los platillos, y aunado a esto, el trato del personal de contacto cortés y amigable, así como en el servicio sanitario pulcro.

El criterio sobre los rangos de cada clasificación propuesta son los siguientes:

Tabla 1.2. Características y servicios que se requieren para un sistema de clasificación de cafeterías.

Características	☕☕☕	☕☕	☕
Entrada para clientes independiente al servicio	+	–	–
Guardarropa	+	–	–
Teléfono con cabina aislada	+	+	–
Teléfono general	–	–	+
Calefacción (región norte del país)	–	+	–
Calefacción y aire acondicionado integral	+	–	–
Aire acondicionado (región norte, sur y costas del país)	–	+	–
Servicios sanitarios independientes para hombres y mujeres con agua caliente y fría	+	+	+
Secador eléctrico para baños	+	–	–
Jabonera líquida	+	+	–
Jabón de pastilla con toalla secador desechable	–	+	+
Botón de piso para desaguar mingitorio caballero	+	–	–
Decoración de calidad selecta	+	–	–
Decoración de calidad comercial	–	+	+
Loza, plaqué y cristalería calidad selecta	+	–	–
Loza, plaqué y cristalería calidad comercial	–	+	+
Cafetera *express*	+	+	+
Fuente de sodas	+	+	–
Plancha	+	+	–
Cámara fría	+	+	–
Refrigerador y congelador	–	+	+
Office con tarjetas	+	–	–

Tabla 1.2. (*Continuación.*)

Características	☕☕☕	☕☕	☕
Almacén	+	–	–
Alacena	–	+	+
Menaje de primera calidad	+	–	–
Barra o mostrador adecuado selecto	+	–	–
Barra o mostrador comercial	–	+	+
Vestidores por sexo para empleados	+	+	–
Baños con regadera personal	+	+	–
Uniformes por rango en salón comedor	+	–	–
Uniformes por rango personal de cocina	+	–	–
Uniformes al personal de servicio calidad comercial	–	+	+
Carta y menú variado y selecto	+	–	–
Carta y menú surtido y comercial	–	+	+
Lunch en paquete individual para llevar	+	–	–
Máquina eléctrica registradora para caja	+	+	–
Sistema manual de caja	–	–	+
Estacionamiento	–	+	–
Cuidador de automóviles	+	–	–
Campana y extractor	+	–	–
Campana de filtro y extractor cocina	–	+	–
Extractor cocina	–	–	+
Tabaquería junto a la caja	+	–	–
Servicio de vinos	+	–	–
Venta de cerveza	+	+	–
Carro para postres	+	–	–
Vitrina exposición de platillos	+	–	–
Servicio las 24 horas	+	–	–
Clave:	33	23	13

+ Se requiere.
– No se requiere.

FUENTE: *Idem*, pp. 105-108.

Categoría	Máximo	Mínimo
☕ ☕ ☕	$33 \times 3 = 99$	70 puntos
☕ ☕	$23 \times 3 = 69$	40 puntos
☕	$13 \times 3 = 39$	0 puntos

Taquerías (lugar donde se venden tacos)

El taco es un alimento típico mexicano elaborado con tortilla de maíz enrollada o doblada, rellena de algún guisado o platillo característico que satisface los gustos y exigencias de los diferentes paladares que usualmente lo degustan. Se considera un platillo nutritivo de base en la alimentación de los mexicanos.

A las taquerías acuden personas de diferentes niveles socioeconómicos, que independientemente de la atención que ofrecen, buscan también decoración, sazón, rapidez y servicio. Con los rasgos particulares del *servicio de tacos*, han logrado colocarse como establecimientos de comida rápida con un menú limitado y de productos baratos. En la actualidad tienen gran importancia dentro del sector laboral, ya que generan empleos directos e indirectos en la industria de servicios de alimentos populares en México. Las taquerías se clasifican en especial, general y popular.[4]

Taquería de categoría especial (🌮🌮🌮)

Este tipo de establecimiento necesitará el espacio suficiente para que sus comensales puedan sentarse cómodamente y el servicio sea en las mesas; una decoración y ambiente agradable dando énfasis a su concepto propio, el personal de servicio deberá estar uniformado. El lugar deberá tener cocina de apoyo en la que se prepararán los guisados para los tacos; equipo y maquinaria apropiada para el servicio que ofrece, como campana, extractor, refrigerador, plancha y parrilla, asador y mesas de trabajo; con sanitarios independientes; mantelería, plaqué y cristalería de calidad comercial; además, puede vender refrescos y cervezas. Deberá contar con salida de emergencia.

Taquería de categoría general (🌮🌮)

Estos sitios tienen limitado su espacio, por lo cual mantienen de pie a sus comensales, en algunos casos tienen bancos altos cerca de la barra o mueble colocado alrededor del local; el equipo y mobiliario es limitado

---

[4] *Idem*, pp. 109-113.

y se restringe a una plancha, refrigerador y estufa casera; se atiende directamente desde el mostrador principal; tiene sólo algunas opciones de tacos
y puede dar servicio las 24 horas. Las opciones de tacos, así como sus refrescos y otros productos, se presentan en una pizarra visible con los precios
de cada producto. El personal utiliza mandil y gorra que cubre la cabeza.
El establecimiento tiene un baño común para hombres y mujeres con lo
mínimo necesario para su uso.

Taquería de categoría popular (✎)

Este establecimiento tiene el espacio mínimo para atender a sus comensales, vende una o dos variedades de tacos. Cuenta con un refrigerador y un
compartimiento especial para la carne. Las opciones de tacos, refrescos y otros
productos, se presentan en una pizarra visible con sus respectivos precios. El
personal utiliza mandil y gorra en la cabeza. Por lo regular, este tipo de establecimiento no cuenta con sanitarios, sólo con un lavamanos visible para los
clientes.

A las taquerías se les exige disposiciones higiénicas para su servicio y
que sus instalaciones de gas sean las apropiadas para evitar siniestros por
descuidos de esta índole.

El criterio sobre los rangos de cada clasificación propuesta son los
siguientes:

Categoría	Máximo	Mínimo
✎✎✎	$27 \times 3 = 81$	34 puntos
✎✎	$11 \times 3 = 33$	25 puntos
✎	$8 \times 3 = 24$	0 puntos

Tabla 1.3. Características y servicios que se requieren para un
sistema de clasificación de taquerías.

Características	✎✎✎	✎✎	✎
Espacios amplios para que los clientes permanezcan sentados	+	−	−
Estacionamiento	+	−	−
Decoración estilo mexicano calidad selecta	+	−	−
Decoración típica y terminados en mosaico	−	+	−

Características mínimas comensal de pie	−	−	+
Personal de servicio uniformado típico	+	−	−
Personal de cocina uniformado	+	−	−
Mandil blanco	−	+	+
Congelador	+	−	−
Refrigerador	+	+	+
Plancha y grill	+	−	−
Mesa de trabajo	+	−	−
Campana y extractor	+	−	−
Carta variada	+	−	−
Platillos típicos de entrada	+	−	−
Tacos de más de seis variaciones	+	−	−
Tacos de tres a seis variaciones	−	+	−
Tacos de menos de 3 variaciones	−	−	+
Baños separados para damas y caballeros con agua caliente y fría y con todos los servicios	+	−	−
Máquina registradora electrónica	+	−	−
Máquina mecánica registradora	−	+	−
Sistema manual de registro de caja	−	−	+
Baños y vestidores empleados	+	−	−
Tabaquería junto a la caja	+	−	−
Servicio hasta las 2:00 a.m.	+	+	−
Mesas y sillas calidad comercial	+	−	−
Servicio de blancos calidad comercial	+	−	−
Plaqué y cristalería calidad comercial	+	−	−
Servicio y venta de cervezas	+	+	−
FM	+	+	−
Aprobación sanitaria de la Secretaría de Salud	+	+	+
Salida de emergencia	+	−	−
Extintor	+	+	+
Normas y autorizaciones de las conexiones y toma de gas (Departamento de bomberos)	+	+	+
Clave:	27	11	8

+ Se requiere.

− No se requiere.

Bares

Lugares donde se consumen cocteles y bebidas alcohólicas preparadas en una barra. Se encuentra en restaurantes-bar, cantinas, salones de baile y centros nocturnos, principalmente; de ahí el gran interés de hablar de estos sitios y ofrecer una herramienta de evaluación y subclasificación para los propietarios de los mismos.

Podemos definir al bar como el lugar de reunión donde personas de diferentes clases sociales intercambian puntos de vista, tratan asuntos de negocios, temas culturales o simplemente pasan un momento relajado y/o de distracción. En estos establecimientos se consumen bebidas alcohólicas y no alcohólicas, por supuesto, acompañadas de botanas, bocadillos o antojitos.

La finalidad principal de un bar es lograr la socialización de sus deman-dantes, así como saciar el más exigente deseo de bebidas. Normalmente disponen de una barra grande de maderas preciosas, una marimba visible (mueble superior de la barra frontal donde se colocan las copas boca abajo), para mostrar la extensa y surtida variedad de cristalería; en la contrabarra (mostrador trasero) habrá una selecta y completa variedad de bebidas alco-hólicas que al estar en exhibición, se ofrecerán por sí solas.

Clasificaremos a los bares en tres categorías: gran turismo, categoría turista y categoría popular.[5]

Bar categoría gran turismo (Y Y Y)

Se ubica en hoteles y en zonas turísticas muy concurridas, o de gran movimiento social, o en áreas laborales. Dispone de una barra grande de madera preciosa, mobiliario, equipo y utensilios de calidad selecta; también de una carta de vinos y licores; el servicio deberá ser altamente calificado, con personal capacitado, mayor de edad y con experiencia; con una infraestructura apropiada para dar la acogida que el demandante espera, como: piano, un equipo de luz y sonido profesional, además de una pista para dar cabida a cinco o seis cantantes, sin telón; máquina registradora, aire acondicionado, portero y estacionamiento; cocineta con mesa de trabajo, refrigerador y estufa (en caso que lo requiera y ofrezca botanas variadas), servicios de sanitarios para damas y caballeros, jabón líquido y secador eléctrico, o bien toallas de papel desecha-bles (*matic*), valet auxiliar (persona de servicio permanente) en baños, entrada de empleados independiente y área de lockers (armarios) para empleados.

Bar categoría turista (Y Y)

La ubicación de estos lugares deberá ser estratégica, en sitios comercia-les, de gran actividad laboral, céntricos, concurridos e iluminados; su barra

[5] *Idem*, pp. 115-120.

es el principal motivador y herramienta de ventas, por lo que ésta será de madera, visible y de gran tamaño, con terminados comerciales, su área trasera tendrá refrigeradores y una mesa de trabajo para la preparación de botanas, cuando éstas estén contempladas en el servicio; contará con mobiliario y equipo de calidad; tendrá variedad de bebidas alcohólicas y no alcohólicas; el personal de servicio será mayor de edad, portará uniforme y estará capacitado. Debe tener una pista bien ubicada para tres o cinco cantantes, con equipo de sonido y luces adecuadas de nivel profesional; máquina registradora; sanitarios para los consumidores, con jabón líquido y secador eléctrico o toallas desechables de papel.

Bar categoría popular (⅌)

Su ubicación, por lo regular será en las colonias populares retiradas de las áreas de mucha actividad comercial o laboral. Su barra será de madera y de tamaño reducido, el mobiliario y equipo general será de calidad comercial (en ocasiones con propaganda de distribuidores de cervezas o refrescos); podrá vender bebidas típicas y populares, licores, aguardientes y pulques curados nacionales, también cerveza, ya sea embotellada o de barril; el personal deberá ser mayor de edad y vestido adecuadamente con un delantal; tendrá máquina registradora, ventiladores de techo y un sanitario.

Para las tres categorías será indispensable acreditar todas las disposiciones que determina la Secretaría de Salud, tanto en la normatividad permanente como en los requisitos de apertura de dichos establecimientos, así como contar con la autorización correspondiente para vender bebidas alcohólicas ya que la licencia de venta por copeo de bebidas es de las más caras en el país. Desde 1970, en la República Mexicana se dejaron de expedir nuevas licencias y a partir de ese año, sólo han pasado de un propietario a otro las ya existentes, siendo ésta la causa principal para que cada vez sean más caras y escasas.

Es de señalar que el establecimiento llamado *videobar* es una adaptación de bar que cuenta con equipo de televisión, pantalla gigante en color y equipo de sonido. Se sugiere que este tipo de establecimientos se clasifique en categoría gran turismo o turística por su gran variedad y selección de bebidas, así como por el concepto, servicio y barra característica y del mismo. En caso de anunciar y exhibir películas, éstas deberán sujetarse a los términos señalados en la *Ley del Derecho de Autor*.

El criterio sobre los rangos de cada clasificación propuesta son los siguientes:

Categoría	Máximo	Mínimo
⍋ ⍋ ⍋	$25 \times 3 = 75$	49 puntos
⍋ ⍋	$16 \times 3 = 48$	25 puntos
⍋	$8 \times 3 = 24$	0 puntos

Tabla 1.4. Características y servicios que se requieren para un sistema de clasificación de bares.

Características	⍋ ⍋ ⍋	⍋ ⍋	⍋
Ubicación en hoteles, o zonas hoteleras de gran turismo y cinco estrellas	+	−	−
Mobiliario, equipo, loza, cristalería y plaqué de calidad selecta	+	−	−
Mobiliario, equipo, loza, cristalería y plaqué de calidad comercial	−	+	−
Mobiliario, equipo, loza, cristalería y plaqué mínima	−	−	+
Carta de vinos y licores exclusivos y variados nacionales e importados	+	−	−
Licores y vinos variados nacionales e importados	−	+	−
Licores, aguardientes y pulques curados nacionales	−	−	+
Servicio altamente capacitado	+	−	−
Servicio entrenado por la SECTUR	−	+	−
Personal mayor de edad	−	−	+
Espectáculo variado de artistas	+	+	−
Música viva	+	−	−
Piano y equipo musical (batería y órgano)	+	−	−
Equipo de sonido con luz profesional	+	+	−
Pista para un cupo de cinco o seis cantantes	+	−	−
Pista para tres a cinco cantantes	−	+	−
Máquina registradora autorizada por la SHCP	+	+	+
Aire acondicionado	+	−	−
Aire acondicionado (regiones norte, sur y costas del país)	−	+	−
Aire lavado o ventiladores de techo (zonas norte, sur y costas del país)	−	+	−

Portero y estacionamiento	+	−	−
Decoración selecta de pared a pared	+	−	−
Presentación mínima del local	−	−	+
Extintor	+	+	+
Salida de emergencia	+	+	+
Barra visible y confortable de calidad selecta	+	−	−
Barra visible con terminados comerciales	−	+	−
Mesa de trabajo y preparativos	+	+	−
Refrigeradores	+	+	−
Extractor en el interior de cocineta	+	−	−
Cocineta con estufa	+	−	−
Baños con agua caliente y fría para hombre y mujer	+	+	−
Servicio de jabonera y secador eléctrico	+	+	−
Baños y lockers empleados	+	−	−
Vestidores empleados y entrada independiente a clientes	+	−	−
Valet auxiliar baños	+	−	−
	25	16	8

Clave:

+ Se requiere.
− No se requiere.

Centros nocturnos

Los centros nocturnos han intensificado su popularidad, éxito y mercado bien definido y creciente; han logrado excelentes ingresos, lo que además de contribuir a la generación de empleos, en algunos casos difunde tradiciones y costumbres. Un ejemplo clásico es *El Tropicana* de La Habana, Cuba, que ha mostrado a los turistas y visitantes con gran éxito la verdadera cultura, tradición y carisma de sus habitantes; por lo cual acuden a éste diariamente numerosos grupos de personas procedentes de diferentes países.

Los centros nocturnos se clasifican en gran turismo, clase turista y popular.[6]

[6]*Idem*, pp. 121-125.

Centro nocturno gran turismo (🍾 🍾 🍾)

Por muchos factores, en la República mexicana aún no se cuenta con este tipo de establecimiento, principalmente por la gran inversión que se requiere, la compleja infraestructura y tecnología moderna en lo referente a equipo, maquinaria, acondicionamiento y efectos especiales. Además, deben cubrirse otros requisitos como es la autorización de la Asociación Nacional de Actores (ANDA), que exige que la mayoría de los artistas de un espectáculo, sean nacionales, pagar el impuesto correspondiente por cada artista o colaborador en escena, además de los laboriosos trámites para un artista extranjero que debe incluir algunos músicos y personal técnico nacionales para lograr el permiso correspondiente (Villar, 1991).

En estos establecimientos se utilizan complejos efectos, tanto visuales como de sonido, para lograr escenografías sofisticadas; como puede ser una pista de hielo que emerge del centro del escenario automáticamente, drenajes especiales y entradas de agua con tuberías para bombear agua en forma rápida para la exhibición de fuentes y cascadas. Asimismo, el escenario debe tener pasarela móvil, incluyendo el espacio trasero del mismo, con telón eléctrico y un espacio bien ubicado para la orquesta con un mínimo de 35 sillas. El sistema de luces, efectos, láser y sonido podrá ser computarizado; también contará con equipo fílmico y pantalla simulada para la realización de la proyección de respaldo. El escenario deberá tener diferentes movimientos mecanizados, como el hundimiento repentino de una parte del piso para que, en forma sorpresiva, emerja una piscina estilo acuario transparente.

El techo del local podrá contar con cadenas y motores eléctricos para deslizar y complementar la escenografía. Tendrá 50 camerinos o más, separados por sexo y con baño cada uno. También contará con servicio de alimentos y éste deberá sujetarse a todo lo establecido en las características de los restaurantes de lujo, anteriormente explicado; y por supuesto, servicio de bebidas que estará sujeto a los criterios para el bar gran turismo.

Centro nocturno clase turista (🍾 🍾)

Su ubicación será en lugares cercanos a zonas hoteleras o en áreas de gran movimiento comercial o laboral; deberá tener estacionamiento, y dentro del establecimiento un espacio para los músicos, una pista amplia y telón eléctrico; suficientes camerinos (de 15 a 49) con diez baños generales; guardarropa y vestíbulo con teléfono en cabina independiente y sistema de emergencia; dispondrá de servicio de reservaciones, fotografía al cliente y, en ocasiones, cena opcional. El servicio de alimentos no será obligatorio, puede sujetarse al bar clase turista y acompañar estas bebidas con algunas botanas ligeras. Es importante cuidar el buen nivel del espectáculo que se exhibe.

Centro nocturno categoría popular (🔨)

Tendrá espacios cómodos con mobiliario de clase comercial, un lugar específico para los músicos y para el espectáculo, sistema manual de luces y sonido, teléfono, salida de emergencia, extintores y venta de tabacos. El espectáculo tendrá variedad con calidad de vedettes (bailarinas), de acuerdo con su clasificación sindical dentro de la ANDA. Los músicos también se sujetarán a su clasificación gremial, y en caso de que sea zona tolerada, deberá ajustarse a los controles sanitarios que para tal efecto señala la Secretaría de Salud; el servicio de bebidas deberá sujetarse a las características y servicios del bar clase popular.

El criterio sobre los rangos de cada clasificación propuesta son los siguientes:

Tabla 1.5. Características y servicios que se requieren para un sistema de clasificación de centros nocturnos.

Características	🔨🔨🔨	🔨🔨	🔨
Pista de hielo movible de 5 m²	+	−	−
Drenajes especiales en pista	+	−	−
Entrada de agua a la pista con tubería 5 in	+	−	−
Pasarela móvil eléctrica de 25 m	+	−	−
Escenario de no menos de 25 m de longitud por 25 m de ancho	+	−	−
Telón eléctrico para tres opciones	+	−	−
Telón eléctrico para una opción	−	+	−
Telón manual	−	−	+
Pista no menor de 7 × 7 m	−	+	−
Pista menor de 7 × 7 m	−	−	+
Ubicación en la misma área de hoteles gran turismo y cinco estrellas, y restaurantes cinco tenedores	+	+	−
Estacionamiento	+	+	−
Portero con chofer cuidador que traslada el automóvil al estacionamiento	+	−	−
Calefacción y aire acondicionado integral	+	+	−
Aire acondicionado húmedo (individual)	−	−	+
Servicio de bebidas sujeto a criterios de bares turismo dos copas	−	+	−

Tabla 1.5. (*Continuación.*)

Características	❦❦❦	❦❦	❦
Servicio de bebidas sujeto a criterios de bares populares una copa	−	−	+
Taller de mantenimiento y carpintería	+	−	−
50 o más camerinos para artistas separados por sexo y con baños c/u	+	−	−
De 15 a 49 camerinos para artistas con cinco baños generales por sexo	−	+	−
De cuatro a 14 camerinos para artistas con dos baños generales por sexo	−	−	+
Entrada independiente de artistas con estacionamiento y vigilancia	+	−	−
Guardarropa y vestíbulo	+	+	−
Teléfono en cabina independiente	+	+	−
Salida de emergencia	+	+	+
Extintores	+	+	+
Sistema de reservaciones	+	+	−
Servicio de fotografía al cliente	+	+	−
Folleto promocional de espectáculo por temporada	+	−	−
Venta de flores y souvenirs al cliente	+	+	−
Ventas de tabacos	+	+	+
Servicio de cena fija u opcional	+	+	−
Calidad de espectáculo de talla internacional	+	+	−
Caja registradora electrónica para caja	+	+	−
Caja registradora mecánica electrónica	−	−	+
	25	18	8

Clave:

+ Se requiere.
− No se requiere.

36

Categoría	Máximo	Mínimo
(botellas)	$25 \times 3 = 75$	55 puntos
(botellas)	$18 \times 3 = 54$	25 puntos
(botella)	$8 \times 3 = 24$	0 puntos

Discotecas

Una discoteca es conocida comercialmente como *discotec* o *disco*. Es un establecimiento cerrado, oscuro, acondicionado con formas, equipo, mobiliario y objetos diversos; ofrece grandes combinaciones de efectos de música con luz, proyección de videos y sonido, dentro de un ambiente exclusivo, por lo regular respetando su estilo o concepto previamente planeado. Este concepto alcanzó su apogeo en la década de 1970, influido por el movimiento *hippie* surgido en San Francisco, Cal., en la década de 1960. Los establecimientos popularizados por el cuarteto de Liverpool, los *Beatles*, impulsaron nuevos modelos en la decoración y concepto de los llamados salones de baile. La decoración y tipo de construcción de estos establecimientos, tuvieron la intención de atraer a grandes cantidades de turistas y visitantes locales, principalmente porque estaban de moda, después por curiosidad y ahora porque en ellos se busca una distracción y esparcimiento diferente. Actualmente se fomenta en estos lugares una diversión sana al bailar, consumir bebidas alcohólicas y, en algunos casos, botanas ligeras.

En aquella década se inicia en España *El Cerebro*; al mismo tiempo, en Acapulco, Guerrero, ya destacaba *El Bocaccio,* que más tarde, en la década de 1980 se conoció en todo el mundo por incluir los grandes avances tecnológicos. Surgieron también en Manhattan, el *Estudio 54*; en Madrid, *El Pachá*; en Cancún y Guadalajara, el *Acuarios*, aunque con la característica de membresía.

En la época actual, a las discotecas acuden personas de todos niveles socioeconómicos, mayores de 18 años que les gusta bailar y escuchar música con volumen elevado. Las características de estos sitios deben estar de acuerdo con el tipo de servicio y confort que ofrezcan al consumidor, por lo cual presentaremos la clasificación en la que se distinguen tres tipos: la superdiscoteca, la discoteca y el salón de baile.[7]

Superdiscoteca (♮♮♮)

Su ubicación es una oportunidad para muchos hoteles tanto independientes como de cadena, ya que son un motivo para mantener a sus hués-

---

[7] *Idem*, pp. 125-127.

pedes cautivos en el mismo hotel; pero también los encontramos cerca de restaurantes y bares con fuerte corriente de vacacionistas. Su construcción debe ser adecuada para el mismo objeto social, ya sea en forma independiente o dentro de un mismo hotel; tanto su mobiliario, equipo y servicio de personal deberá estar de acuerdo con los criterios referidos en el apartado de bares y en especial el bar gran turismo.

Debe contar con un equipo completo de sonido; los sistemas de luces y rayos láser, deberán ser eléctricos y modernos; éste será operado por un especialista conocido como *disc jockey*, responsable de contar con la música de éxito del momento. Deberá proporcionar un servicio exclusivo de reservaciones, y en ocasiones, podrá exhibir audiciones en vivo, con un lugar ex profeso para el conjunto; su pista será espaciosa, en terminados de madera parquet o de acrílico transparente y luz interna. Será necesario el estacionamiento, un portero, personal de seguridad especializado y equipo para proyecciones; los términos de su decoración serán de calidad selecta haciendo hincapié a su concepto de mercadotecnia.

Discoteca ($\flat$ $\flat$)

Por lo general estos establecimientos se ubican en zonas comerciales y céntricas; el mobiliario, equipo y servicio de personal se apegará a los criterios establecidos en la clasificación de bar turista debido a que en estos lugares se fomenta el consumo de bebidas alcohólicas; deberán proporcionar el servicio de reservaciones con el lema: "nos reservamos el derecho de admisión", y ofrece un sonido profesional y luces con efectos auxiliares de seguridad; habrá pista de baile central de acuerdo con el número de mesas; su decoración será de calidad comercial.

Salón de baile ($\flat$)

Este espacio se ubicará principalmente en zonas populares o en colonias situadas en los alrededores de una población; tendrá su mobiliario, equipo y servicio de personal de acuerdo con los criterios expresados en la clasificación de bar popular; el equipo de sonido será profesional y podrá tener también "rocola" o reproductor de cintas con su respectivo amplificador, de acuerdo con el tamaño del local. Contará también con un auxiliar de seguridad y una pista con las características mínimas para bailar, tomando en consideración la proporción y dimensiones del local; su decoración será la mínima aceptable.

Las tres categorías de discoteca se sujetarán a los lineamientos marcados por autoridades encargadas de su normatividad en lo referente a permisos o licencias para la venta de vinos y licores.

El criterio sobre los rangos de cada clasificación propuesta son los siguientes:

Características	♭♭♭	♭♭	♭
Ubicación en hoteles, restaurantes y bares en zonas turísticas y comerciales	+	−	−
Mobiliario, equipo y servicios de personal de acuerdo con los criterios de bar gran turismo (SSS)	+	−	−
Mobiliario, equipo y servicios de personal de acuerdo con los criterios de bar gran turismo (SS)	−	+	−
Mobiliario, equipo y servicios de personal de acuerdo con los criterios de bar gran turismo (S)	−	−	+
Equipo electrónico de luz, sonido y sistema láser	+	−	−
Disc jockey	+	−	−
Servicio de reservaciones	+	+	−
Sonido profesional y luces con efecto	+	+	−
Música viva opcional	+	−	−
Sonido semiprofesional (rocola o tocacintas)	−	−	+
Pista de madera (parquet o acrílico transparente) con luz interna	+	−	−
Portero y estacionamiento	+	−	−
Seguridad especializada	+	−	−
Auxiliar de seguridad	−	−	+
Aparatos de proyecciones	+	−	−
Sistema *back projection*	+	−	−
Una o más pistas de baile	+	−	−
Pista de baile central	−	+	−
Pista con mínimas características para baile	−	−	+
Decoración selecta	+	−	−
Decoración comercial	−	+	−
Decoración mínima aceptable	−	−	+
	14	6	4

Tabla 1.6. Características y servicios que se requieren para un sistema de clasificación de discotecas.

Clave:

+ Se requiere.
− No se requiere.

FUENTE: *Ibid*, pp. 128-129.

Categoría	Máximo	Mínimo
𝄞 𝄞 𝄞	14 × 3 = 42	19 puntos
𝄞 𝄞	6 × 3 = 18	13 puntos
𝄞	4 × 3 = 12	0 puntos

CASOS PRÁCTICOS

Ejemplos de aplicaciones en casos reales de cantina, pulquería, canta-bar, botanero y video bar, realizados en el curso Administración de Servicios de Bebidas HR412, en 2004, con estudiantes de la carrera de Administración de Hoteles y Restaurantes de la UDLAP, impartido por la Maestra Ma. del Carmen Morfín H.

CANTINA

Establecimiento característico mexicano que se confunde con el término en inglés bar, pero en su concepto no son lo mismo. En la cantina se ofrecen platillos típicos de la región, que pueden ser desde antojitos

Categoría	Máximo	Mínimo
🏺 🏺 🏺	26 × 3 = 78	58 puntos
🏺 🏺	19 × 3 = 57	46 puntos
🏺	15 × 3 = 45	0 puntos

Tabla 1.7. Características y servicios que se requieren para un sistema de clasificación de cantinas.			
Características	🏺	🏺🏺	🏺🏺🏺
Ubicación en hoteles y zonas turísticas	+	-	-
Mobiliario y equipo de calidad selecta	+	-	-
Mobiliario y equipo de calidad comercial	-	+	-
Mobiliario y equipo de calidad mínima	-	-	+
Carta de bebidas nacionales e importadas	+	-	-
Carta de bebidas variadas	-	+	+
Carta de alimentos típicos variados	+	-	-

Carta de alimentos típicos limitada	-	+	+
Decoración típica mexicana	+	+	+
Barra de madera	-	-	+
Bancos en barra	+	+	+
Valet Parking	+	-	-
Estacionamiento mínimo	-	+	-
Servicio sanitario de calidad (H/M)	+	-	-
Servicio sanitario (H/M)	-	+	-
Servicio sanitario	-	-	+
Servicio de reservaciones	+	-	-
Venta de tabacos	+	+	-
Equipo audiovisual (eventos)	+	-	-
Televisión	-	+	-
Equipo nulo de audio o video	-	-	+
Restricción de entrada a menores de edad	+	-	-
Entrada libre	1	2	3
Señalización	+	+	+
Refrigeradores	+	+	-
Cocina con estufa	+	-	-
Servicio de jabonera y secador eléctrico	+	-	-
Baños y lockers para empleados	+	-	-
Entrada independiente para clientes	+	+	-
Valet auxiliar de baños	+	-	-
Puertas características	+	+	+
Mobiliario rústico de madera	+	+	+
Iluminación intermedia entre la de un bar y un restaurante	+	+	-
Zona de baile no delimitada	+	+	+
Distribución de botellas en contra barra	+	+	+
Oferta del 15 % de productos alimenticios	+	+	+

Clave:
+ Se requiere.
- No se requiere.

*NOTA: Evaluación realizada por Antonio Tenorio y Victor Chacón, en una cantina ubicada en la ciudad de Puebla de los Ángeles (primavera 2004).

o bocadillos sencillos como botana de la casa, elaborados con productos básicos mexicanos hasta un platillo de temporada o regional; por supuesto acompañados de bebidas alcohólicas regionales, estatales, tradicionales, de temporada y nacionales. La decoración, ambiente, música, carta y la lista de bebidas es totalmente de productos mexicanos.

Pulquerías

Son lugares populares de reunión, auténticamente mexicanas en donde exclusivamente se sirve como bebida el pulque (extraído del maguey pulquero) y sus curados.

Tradicionalmente estas bebidas se servían en jícaras (provenientes de una planta llamada guaje), en "tornillos" (vaso especial parecido al tarro de cerveza) y en catrinas (otro vaso de vidrio pero mas pequeño).

El pulque es una forma muy económica de beber alcohol.

Pulquerías de categoría especial 🌿🌿🌿

Por la naturaleza de estos establecimientos y puesto que su mercado meta son personas de bajos recursos, no existen lugares propiamente desarrollados, por tanto, sólo se propone cómo deberían ser estos lugares.

Para ofrecer un servicio cómodo a sus clientes, este negocio requiere espacio suficiente para mesas y sillas.

También debe contar con una barra vistosa formada por barriles de madera llenos de pulque.

En la contrabarra se encontrarán utensilios propios para servir el pulque (jícaras, tornillos y catrinas).

La decoración del lugar será apropiada y contará con un buen mantenimiento de paredes y un mural mexicano.

Deberá contar con sanitarios independientes e instalaciones muy limpias.

El servicio será respetuoso y profesional; generalmente los empleados estarán vestidos conforme a la naturaleza del lugar, por ejemplo, sombreros de palma.

Pulquerías de categoría general 🌿🌿

Éstos sitios contarán con el espacio mínimo necesario para tener mesas y sillas, así también habrá una barra en la parte central del negocio con bancos para estar cerca del pulquero.

Las paredes del lugar deberán estar bien pintadas y limpias, serán cubiertas de colores vistosos.

Existirá un baño comunitario bien acondicionado para los visitantes.

Pulquerías populares 🌿

Son establecimientos muy pequeños, algunos incluso serán ambulantes, no tienen sanitarios y el pulque se sirve en vasos de plástico.

El pulque estará contenido en cubetas.

La decoración es inexistente.

Categoría	Máximo	Mínimo
🌿 🌿 🌿	12 × 3 = 36	28 puntos
🌿 🌿	9 × 3 = 27	13 puntos
🌿	4 × 3 = 12	0 puntos

Tabla 1.8. Características que se requieren para un sistema de clasificación de pulquerías.

Características	🌿🌿🌿	🌿🌿	🌿
Espacios amplios para que los clientes estén sentados	+	−	−
Espacios propios para que los clientes estén sentados	−	+	−
Características mínimas para estar de pie	−	−	+
Baños limpios e independientes	+	−	−
Baño comunitario limpio	−	+	−
Decoración estilo mexicana bien cuidada y con un mural típico	+	−	−
Paredes bien pintadas y con mantenimiento	+	+	−
Empleados ataviados de manera adecuada a la naturaleza del lugar	+	−	−
Pisos de azulejo	+	−	−
Pisos de cemento cubiertos de aserrín	−	+	
Barra decorada y vistosa	+	−	
Barra de materiales económicos como cemento	−	+	−
Instalaciones limpias	+	+	−
Mesas y sillas bien cuidadas y de calidad superior	+	−	−

Tabla 1.8. *(Continuación.)*

Mesas y sillas de calidad comercial	–	+	–
Utensilios para servir el pulque (jícaras, catrinas y tornillos)	+	–	–
Utensilios para servir el pulque de vidrio	–	+	–
Utensilios para servir el pulque de plástico	–	–	+
Barricas de madera	+	–	–
Barricas o cubetas de plástico	–	–	+
Salida de emergencia	+	+	+
	12	9	4

Clave:

+ Se requiere.
- No se requiere.

*Nota: Evaluación realizada por los alumnos: Karla Moreno y Saúl Esteban, en una pulquería ubicada en el centro de la ciudad de Puebla de los Ángeles (primavera 2004).

Canta bar

Lugar donde se venden bebidas alcohólicas. Su objetivo principal es que los clientes canten abiertamente las melodias que soliciten en el momento. Regularmente se acompañan por un piano de fondo para darle un toque característico y bohemio a la noche. Es diferente al karaoke bar porque en éste el espectador se convierte en el principal punto de atención una vez que decide cantar acompañado por un video o una pista musical.

Categoría	Máximo	Mínimo
	$25 \times 3 = 75$	61 puntos
	$20 \times 3 = 60$	43 puntos
	$14 \times 3 = 2$	0 puntos

Tabla 1.9. Características y servicios que se requieren para un sistema de clasificación de canta bar.

Características	👤👤👤	👤👤	👤
Equipo electrónico (por ejemplo, pantallas y aparatos de proyección	+	+	+
Variedad de música para cantar	+	+	+
Sonido profesional	+	-	-
Sonido semiprofesional	+	+	+
Auxiliar de seguridad	+	+	+
Seguridad especializada	+	-	-
Salidas de emergencia	+	+	-
Extintores	+	+	+
Portero y estacionamiento	+	+	-
Decoración de pared a pared	+	+	-
Maquina registradora autorizada por la SHCP	+	+	-
Baños y lockers para empleados	+	-	-
Cervezas y botanas	+	+	+
Bebidas alcoholicas y no alcoholicas	+	+	+
Servicio a la mesa	+	+	+
Personal mayor de edad	+	+	-
Ventiladores de techo	+	+	-
Piso de cerámica	+	+	+
Barra de madera visible y confortable	+	+	+
Mesa de trabajo y preparativos	+	+	+
Refrigeradores	+	+	+
Extractor de aire en el interior de la cocineta	+	-	-
Baños para hombres y para mujeres	+	+	+
Servicio de jabonera y toalla	+	+	+
Entrada independiente para clientes	+	-	-
Clave: + Se requiere. −No se requiere.	25	20	14

*Nota: Esta evaluación fue realizada en un canta bar ubicado en una zona comercial de la ciudad de Puebla de los Angeles, por María Dolores Gonzalez y Mario Alberto Elizalde, alumnos de la UDLAP.

Botaneros

Se le conoce con el nombre de botanero al establecimiento donde la bebida principal es la cerveza de barril en jarra de dos o más litros (volumen) acompañada por botanitas típicas de la región o guisados caseros en tacos. Por lo regular no hay límite de tiempo para su consumo, mientras se consuma cerveza se varía la botana cada media hora o cada hora, dependiendo del caso, costumbre o tradición del lugar. Existen diferentes tipos de botaneros según la clase social, edad, preferencias, ubicación y motivos por los que asisten los clientes.

Botanero categoría especial

Se ubican en ciudades, pueblos y algunas veces en zonas turísticas. Su atractivo principal es vender cerveza de barril (en grandes volúmenes). Cuentan con una barra sencilla, una cocina esencial para la elaboración de botanas, música variada, bocinas alrededor del establecimiento o una rokola para ambientar. Tiene servicio sanitario para damas y caballeros con jabón liquido y toallas desechables de papel, estacionamiento amplio, personal de vigilancia y una gran variedad de botanas.

Entre mayor sea el consumo mayor será la variedad de botanas. Debe tener dos refrigeradores; uno para almacenar los alimentos y otro para guardar la cerveza, y una habitación especial para el personal.

Botanero categoría general

Se encuentran ubicados en lugares no estratégicos (fuera de la ciudad), cuenta con servicios limitados, ofrecen botanas sencillas, su barra es sencilla y pequeña, por lo regular no venden botellas de cerveza, sólo copas, tiene una cocina esencial, su principal atractivo es la cerveza en 2 litros. Con sanitarios independientes, refrigeradores sencillos, sillas y mesas del proveedor de cerveza.

Botanero categoría popular

Su ubicación generalmente es en colonias populares y en zonas retiradas de la actividad comercial, pueden o no contar con barra, las sillas y las mesas son del proveedor de cerveza, la variedad de botanas es más reducida que en la categoría general. Cuenta con un sanitario mixto.

Categoría	Máximo	Mínimo
🍺 🍺 🍺	$19 \times 3 = 57$	49 puntos
🍺 🍺	$16 \times 3 = 48$	7 puntos
🍺	$2 \times 3 = 6$	0 puntos

Tabla 1.10. Características y servicios que se requieren para un sistema de clasificación de botaneros.

Características	🍺🍺🍺	🍺🍺	🍺
Ubicación estratégica (ciudad, universidades o pueblos)	+	-	-
Espacios amplios para que los clientes permanezcan sentados	+	+	-
Estacionamiento amplio y seguro	+	-	-
Decoración de acuerdo al lugar	+	+	-
Personal de cocina uniformado	+	+	-
Refrigerador	+	+	+
Cocina	+	+	-
Mesa de trabajo	-	-	+
Variedad de botanas	+	+	-
Baños separados para damas y caballeros con todos lo servicios	+	+	-
Baños y vestidores para empleados	+	-	-
Mesas y sillas de calidad comercial	-	+	-
Cristalería de calidad comercial	+	+	-
Barra	+	+	-
Servicio y venta de cerveza de barril	+	+	-
Salida de emergencia	+	-	-
Extintores	+	-	-
Precios a la vista	+	+	-
Equipo de sonido con luz profesional	+	-	-
Iluminación tenue	-	+	-
Aire lavado o ventiladores de techo	-	+	-

Tabla 1.10. (Continuación)			
Vigilancia	+	+	-
Barra visible	+	-	-
Precios visibles	-	+	-
Clave: + Se requiere. - No se requiere.	19	16	2

*NOTA: Clasificación realizada en un botanero de San Andrés Cholula, Pue., por Mayra Martínez, Valeria Cárdenas y Maribel Abúndez, estudiantes de la UDLAP (primavera 2004).

Videobar

Establecimiento con gran variedad de bebidas alcohólicas, su objetivo principal es divertir y entretener a los clientes con videos musicales, deportivos y sociales, por lo que está equipado de grandes pantallas, sonido estereofónico y efecto de luces. Algunos de estos lugares han tomado la característica de proyectar exclusivamente eventos deportivos y fomentarlos, ya sea manual, mecánica o electrónicamente bajo el mismo techo.

Categoría	Máximo	Mínimo
(3 símbolos)	$28 \times 3 = 84$	55 puntos
(2 símbolos)	$18 \times 3 = 54$	22 puntos
(1 símbolo)	$7 \times 3 = 21$	0 puntos

Tabla 1.11. Características y servicios que se requieren para un sistema de clasificación de videobares.			
Características	(3 símbolos)	(2 símbolos)	(1 símbolo)
Ubicación en zona comercial	+	-	-
Mobiliario de calidad comercial	-	+	-
Carta de vinos nacionales e importados	-	-	-

48

Licores importados	+	-	-
Licores nacionales	-	-	-
Personal capacitado	+	+	-
Personal mayor de edad	+	+	-
Música viva	-	-	-
Piano y equipo musical	-	-	-
Equipo de sonido	+	+	+
Máquina registradora	+	+	-
Aire acondicionado	+	-	-
Ventiladores	+	-	-
Portero y estacionamiento	+	-	-
Decoración de pared	+	-	-
Fachada del local	+	+	-
Extintor	+	+	+
Salida de emergencia	+	+	+
Barra visible comercial	+	-	-
Mesa de trabajo y preparativos	+	+	-
Refrigeradores	+	+	+
Extractor en el interior de la cocina	-	-	-
Cocineta con estufa	+	-	-
Baños con agua caliente y fría para hombres y mujeres	-	-	-
Servicio de jabón y toallas	+	+	-
Baños para empleados	+	+	-
Vestidor para empleados	-	-	-
Entrada para clientes	-	-	-
Variedad de juegos de azar	+	+	-
Varias mesas disponibles para juego	+	-	-
Variedad de trasmisión de eventos	+	+	-
Varias pantallas	+	-	-
Ubicación estratégica de pantallas	+	+	+
Carta de bebidas y botanas	+	+	+

Tabla 1.11. *(Continuación)*			
Seguridad	+	+	+
Marimba, barra y contrabarra	+	-	-
Calidad en el servicio de videobares	+	+	-
Clave:	28	18	7

+ Se requiere.
- No se requiere.

*NOTA: Clasificación realizada en un video bar de la ciudad de Puebla por Claudia Dan del Ángel y Julián Aguilar, alumnos de la UDLAP (primavera de 2004).

ORGANIGRAMA DE COMEDOR Y BAR

El organigrama de un comedor de restaurante depende del estilo y administración del mismo. En la figura 1.1 se presenta uno de los más funcionales.

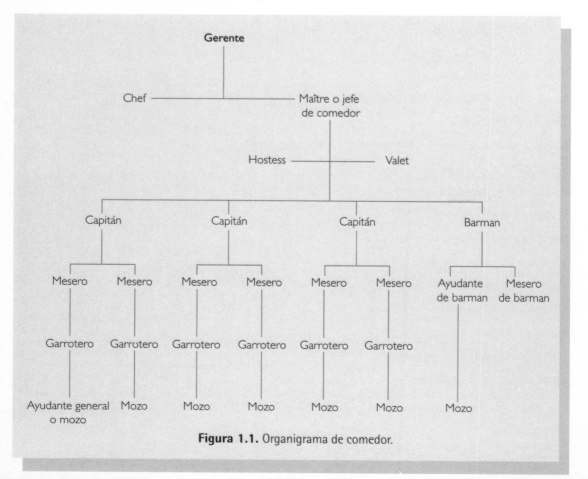

Figura 1.1. Organigrama de comedor.

Cada estación debe tener un capitán, apoyo directo del *maître*. La repartición de meseros en cada área se hace con base en el número de mesas.

En un restaurante recomendamos que un mesero atienda entre cuatro u ocho mesas con un total de 16 personas como máximo; en un bar se pueden atender hasta 10 mesitas bar, es decir, de 18 a 25 personas, y en un banquete el promedio es de 8 a 10 tablones, que equivale a entre 30 y 40 personas. Las figuras 1.2 a, 1.2 b y 1.2 c, muestran el organigrama de bar, de videobar y de comedor bar respectivamente. Es importante señalar que en el Sistema de punto de venta se integran las funciones de hostess, capitán, mesero, garrotero y cajero en mandil (responsable del área).

La distribución adecuada del personal depende principalmente de la comunicación entre los que conforman un área específica de trabajo, para lograr el éxito de su sección. No importa cuántos la conformen, sino cómo lleven a cabo sus funciones con comunicación, organización y especificación clara de ellas.

Veamos las siguientes clasificaciones:

- *Maître* y/o *capitán (sommelier)*. Encargado de vinos. Recomienda el tipo de bebida adecuado para cada manjar.
- *Garrotero B (debarrasseur:* aprendiz). Es un principiante de mesero. Durante el servicio debe mantener el aparador con todo lo necesario; además de llevar y traer todas las cosas que se necesiten.
- *Garrotero A (trancheur:* trinchador). Responsable del carrito de trinches y de artículos necesarios para servicio de carnes. Puede servir aperitivos, entremeses, café, platillos dulces y quesos.

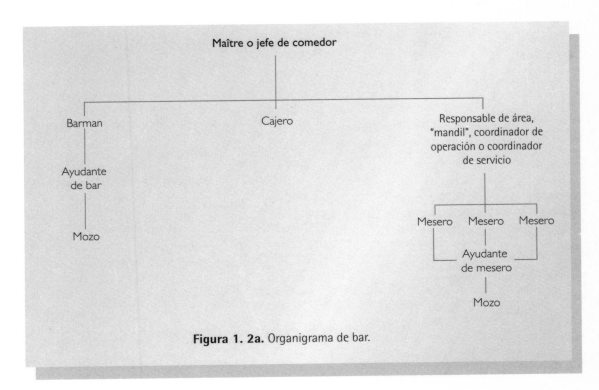

Figura 1. 2a. Organigrama de bar.

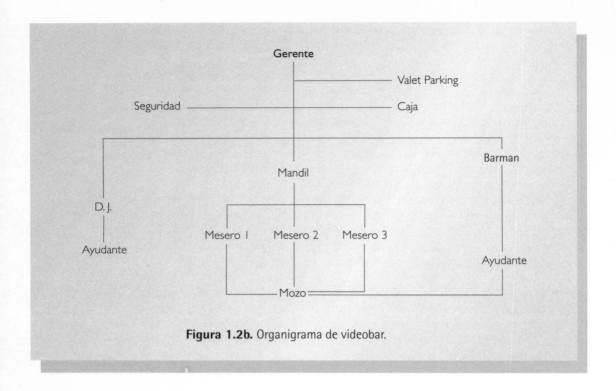

Figura 1.2b. Organigrama de videobar.

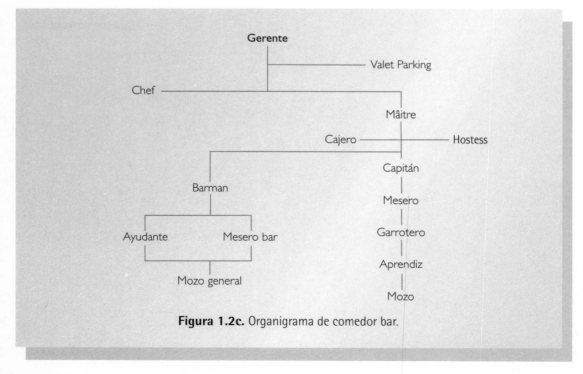

Figura 1.2c. Organigrama de comedor bar.

Requisitos y cualidades del personal

Personal de comedor

Requisitos

- Tarjeta de salud.
- Certificado de no antecedentes penales.
- Constancia de capacidad en el desarrollo de su actividad (habilidades laborales).
- Carta de recomendación.
- Registro del IMSS.
- Registro Federal de Contribuyentes.
- Copia de cartilla militar (obligatoria para los hombres).
- Carta de autorización del padre o tutor (para menores de 18 años).
- Comprobante de jubilación del IMSS (mayores de 45 años).

Cualidades principales

- Constitución física y mental saludable.
- Estatura, constitución y edad según cada establecimiento.
- Higiene personal.
- Cortés, educado y con buenos modales.
- Espíritu de servicio.
- Escolaridad mínima de secundaria.
- Conocimientos mínimos de los servicios de comedor.
- Simpatía, personalidad y responsabilidad.
- Puntualidad.
- Capacidad de retención.
- Obediencia.
- Conocimientos básicos de gastronomía.
- Conocimientos básicos del servicio de bebidas.
- Trato agradable y buen juicio.
- Presentación impecable.
- Bilingüe de preferencia.
- Habilidad y responsabilidad para tomar decisiones.
- Aptitud para control y manejo de personal.
- Conocimiento de relaciones humanas.

Personal de bar/cantina

De acuerdo con los *Manuales seccionales de capacitación de CANIRAC* (1985) los requisitos son casi los mismos que los del empleado del comedor.

Cualidades principales:

- Constitución física y mental saludable.
- Estatura, constitución y edad según cada establecimiento.
- Higiene personal.
- Bilingüe de preferencia.
- Cortés, educado y con buenos modales.
- Tener espíritu de servicio.
- Conocimientos de enología.
- Conocimiento de toda clase de bebidas y experiencia en la preparación de cocteles.
- Escolaridad superior a secundaria.
- Conocimientos del servicio del bar.
- Simpatía, personalidad y responsabilidad.
- Puntualidad.
- Capacidad de retención.
- Honestidad y obediencia.
- Destreza manual.
- Agilidad corporal y mental.
- Dinámico, cooperativo y ordenado.
- Habilidad y responsabilidad para tomar decisiones.

SALUD E HIGIENE DE EMPLEADOS

Los malos hábitos de trabajo y la mala higiene de los empleados son causa de la descomposición de los alimentos, así como las malas condiciones sanitarias de los establecimientos públicos que sirven alimentos. Por ello es necesario hacer cumplir las normas de higiene porque es probable que algunos empleados no hayan tenido previamente buenas costumbres higiénicas, o el establecimiento no proporcione las facilidades requeridas para tener buenas condiciones sanitarias.

Salud

Es necesario comprobar, con un certificado médico, el perfecto estado de salud de todos los empleados, ya que debe comprobarse que no padezcan enfermedades infecciosas como tuberculosis, infecciones venéreas, padecimientos en la piel, disentería amebiana o bacilar, tifoidea, etc., y verificar que gozan de buena salud y no padecen alguna enfermedad trasmisible. Este certificado se exige a los empleados cada año.

Higiene

Todos los restaurantes deben dar las facilidades mínimas a los empleados, como contar con un cuarto de baño, el cual no debe estar cerca, y mucho menos dentro de un cuarto con alimentos, bebidas o utensilios almacenados. Las puertas de estos cuartos deben tener mecanismos de cierre automático. El piso y las paredes deben estar pintados de blanco y ser de un material fácil de limpiar. Debe estar bien ventilado y solamente lo usarán los empleados.

El baño siempre debe tener jabón y toallas de papel desechable. Se recomienda que estos cuartos tengan siempre carteles visibles donde se les indique a los empleados que deben lavarse las manos antes y después de usarlos y, por supuesto, antes de empezar a trabajar. El uso de una toalla común queda prohibido. Se menciona en los *Manuales seccionales de capacitación de CANIRAC* (1985) que debe disponerse de un baño por cada 12 empleados y uno por cada 10 empleadas.

Cada empleado tendrá su propio armario y será responsable de las condiciones sanitarias del mismo. En ninguna circunstancia le será permitido guardar alimentos dentro de él. Si esto sucediera deberá sancionarse al empleado, porque los alimentos atraen a ratas, mosquitos, cucarachas y gusanos.

Uno de los aspectos importantes para los trabajadores del comedor y bar es observar hábitos adecuados de higiene personal, como:

- Baño diario.
- Uso de desodorante.
- Cuidado de la boca.
- Cuidado de la cara: bien afeitada (sin barba, bigote ni patillas).
- Cabello corto y/o bien peinado.
- Manos limpias y uñas bien cortadas y aseadas.
- Uso de crema refrescante de los pies (fig. 1.3).

Además deben tener buen apetito y la fortaleza para trabajar largas jornadas y no laborar si sufren de resfriados, dolores de cabeza y otros trastornos físicos.

Por otra parte, los empleados deben evitar:

- Toser sin cubrirse la boca.
- Rascarse la cabeza.
- Limpiarse orejas y nariz con las manos.
- Peinarse en el comedor.
- Charlar con compañeros.
- Fumar, mascar chicle y chiflar.
- Sentarse a descansar en presencia de la clientela.
- Usar joyas, a excepción de la argolla de matrimonio y el reloj de pulso (fig. 1.4).
- Usar perfumes o colonias muy aromáticas.

- Jugar con sus compañeros o discutir airadamente con ellos en las áreas de servicio.
- Ausentarse del servicio sin motivo justificado.
- Adoptar posturas incorrectas (recargarse en las paredes, mesas, sillas o cualquier mueble).
- Hacer movimientos nerviosos (*Manuales seccionales de capacitación de CANIRAC*, 1985).

A continuación se dan algunas recomendaciones para una excelente presentación y, por tanto, buena higiene:

- Descansar y dormir lo suficiente.
- Cuidar mucho el estado de la dentadura, prevenir o corregir caries, evitar infecciones, quitar residuos de alimentos.
- Vigilar el buen estado de la vista.
- Utilizar siempre ropa limpia (tanto interior como exterior).
- Evitar estar encorvado, manteniendo una postura erguida.
- Alimentarse correctamente y observar un horario para ello.
- Usar desodorantes discretos.

Figura 1.3. Presentación.

Figura 1.4. No usar joyas.

DESCRIPCIÓN Y USO DEL UNIFORME

Siempre se ha creído que el *frac* es el traje clásico del personal del comedor, sin embargo, hoy día se admiten muchas variedades, ya que la fantasía de los hoteleros y restauranteros está creando modelos continuamente, según la apariencia y presentación del restaurante.

Algo que todos seguirán respaldando es que, cualquiera que sea el modelo adoptado, todo el personal del comedor debe llevar el mismo tipo de traje, que constituye el uniforme del establecimiento.

No obstante, en algunos restaurantes es común tener un uniforme especial para cada departamento y/o área: un tipo para el comedor, uno más para el salón de baile y fiestas, otro para el bar y terraza, otro más para la sala parrilla *grill-room*, etcétera.

Hay diferentes clases de uniformes. En la figura 1.5 se muestran los más actuales. Los uniformes en general, como pantalones, vestidos y sacos, no deben estar caídos. Los sacos o sacolas jamás deben estar abiertos (Lambertine, 1982).

El uniforme le será entregado al personal desde el primer día de trabajo, quien se responsabilizará de mantenerlo siempre completo, en buen es-

Mesero de *roomservice*
(servicio a cuarto)

Mesero de banquetes

Figura 1.5. Personal con uniforme acorde con su puesto.

Servicio de buffet

Mesera de cafetería

Ayudante de comedor

Cajero

Restaurante de lujo

Mesera de bar

Mesero de comedor

Jefe de comedor

Figura 1.5. (*Continuación.*)

Chef repostero

Uniformes de gala para banquetes

tado y limpio. Firmará cuando lo reciba y pagará los desperfectos si lo descuida o la pérdida del mismo.

El uniforme del establecimiento debe estar siempre limpio, bien planchado y con la botonadura completa. El calzado debe encontrarse lustrado y es recomendable el tacón de goma. Cabe recordar que las joyas demasiado llamativas no formarán parte del uniforme ni serán permitidas.

Las recomendaciones especiales para los empleados son:

- Al ponerse el uniforme, cuidará de conservarlo limpio y sin arrugas. Los zapatos deberán estar brillantes y con las correas bien amarradas.
- Nunca se pondrá un uniforme que presente roturas, descosidos y falta de botones.
- Se pondrá camisa limpia para cada ocasión.
- La corbata deberá ser del tipo del uniforme, y no una parecida.
- Deberá cambiarse de calcetines cada día y para cada tipo de uniforme.

- Al vestirse y al desvestirse, trate de no estropear el uniforme.
- Al marcharse, no olvidará despedirse de su jefe inmediato superior, para recibir indicaciones de la siguiente jornada de trabajo.

El uniforme sencillo consta de pantalón negro, camisa blanca y/o filipina, saco negro, corbata mariposa, zapatos negros de piel y calcetín negro.

Distintivos especiales

En los trajes blancos, y a veces también en los de color, se acostumbra llevar hombreras según la categoría particular: maître, camarero, ayudante, mesero de bar, barman, hostess, etc. No deben pesar demasiado y deben ser movibles, para facilitar el lavado de los trajes. Generalmente no existen formas ni tamaños en relación con la jerarquía; además, el cliente casi nunca sabe su significado.

Debe observarse que los diferentes tipos y formas de corbatas de los trajes clásicos pueden diferenciar las categorías de cada empleado de comedor y/o bar, así como los colores de cada una de ellas (fig. 1.6). La corbata del maître debe ser distinta de las del resto del personal (Lambertine, 1982).

En los grandes restaurantes con mucho personal, es costumbre que los camareros ostenten un escudo con un número (fig. 1.7), a fin de que el clien-

Figura 1.6. Corbatas.

te los pueda identificar, reconocer y distinguir con más facilidad. También se ocupan gafetes impresos con sus nombres y puestos.

El personal de servicio del comedor y bar debe disponer, por lo menos, de dos trajes de tipo clásico, para tener en reserva el que se encuentre en limpieza. En cuanto a los trajes blancos o lavables, son imprescindibles tres: el que se lleva puesto, uno de reserva en el restaurante (en caso de manchas imprevistas, accidentes de servicio, etc.) y el tercero en limpieza.

De esta manera, nos damos cuenta de la gran variedad de uniformes que cada restaurante puede adoptar conforme con su estilo propio, decoración y comida en general. Sin embargo, debemos estar conscientes de que el buen servicio depende de nuestro desempeño, de estar comprometido a satisfacer las necesidades, deseos y en algunos casos exigencias del comensal, por lo que debemos tomar decisiones adecuadas siempre que no violemos las reglas especificadas en las políticas del establecimiento. Según los *Manuales seccionales de capacitación de CANIRAC* (1984), debe evitarse dar molestias al jefe inmediato superior, a menos que: el comensal lo requiera, se haya tenido algún contratiempo en el servicio, el comensal no se comporte adecuadamente, que el cliente se niegue a pagar la cuenta o cuando se sospeche que se lleva parte del equipo o utensilios.

En el servicio de un restaurante o establecimiento específico, el personal debe estar consciente de que forma parte de una empresa por lo que debe ajustarse al sistema implantado por ella; observar la línea de dependencia respetando el organigrama del departamento; sujetarse a la inspección física antes de iniciar el servicio; conocer las normas del Reglamento Inte-

Figura 1.7. Escudos.

rior de Trabajo y regirse por las mismas; seguir con exactitud lo dispuesto en este manual instructivo y no modificarlo sin antes proponerlo a sus superiores quienes son responsables de hacer las reformas o modificaciones.

REGLAS DE URBANIDAD

Deben fomentarse las reglas de urbanidad cada día durante el desempeño en el servicio en general, sin importar el área o puesto que se ejerza, porque son los símbolos de buena educación. Las principales son:

- Presentarse puntualmente en el centro de trabajo.
- Mostrar tranquilidad y amabilidad durante el servicio.
- Preparar todo lo necesario para ser eficiente en el desempeño de sus labores como es: montaje de mesas, sillas, mantelería, plaqué, platos, tazas, vasos, copas, saleros, pimenteros, salsas, material propio para comandas, lápiz, encendedor, supervisar la higiene del local y equipo.

JORNADAS DE TRABAJO

Las jornadas de trabajo varían según el funcionamiento o giro del restaurante o bar, ya que éste puede empezar sus funciones con desayunos o simplemente con comidas y/o cenas. Lo importante aquí es cumplir las ocho horas diarias reglamentadas o 48 horas semanales, las cuales pueden alternarse de acuerdo con el funcionamiento del establecimiento; asimismo, éste tiene la obligación de dar una comida por turno trabajado (Villar, 1991).

Es también muy importante que el empleador motive a los empleados. La motivación estimulará el ego del empleado para fines positivos. Las motivaciones pueden ser:

- Retribución económica adicional en moneda (efectivo).
- Retribución económica adicional en prestaciones y/o servicios.
- Reconocimiento público ante sus compañeros y jefes.
- Promoción de puesto.
- Cursos de capacitación y/o actualización pagados por la empresa.

El *salario* es la retribución económica reconocida por el esfuerzo dedicado (trabajo) en un tiempo determinado a funciones realizadas en un establecimiento. Además del salario base, son muy importantes las propinas.

Los *troncos* y *escalas* son conceptos en donde la empresa no tiene injerencia, pues son propinas de los empleados y sólo ellos pueden decidir sobre su distribución.

El *tronco* también conocido como "polla" (fig. 1.8), consiste en tener un fondo común de las propinas reunidas en un turno trabajado; al final del turno se divide en partes iguales entre los que participaron en la elaboración

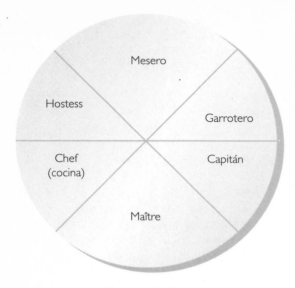

Figura 1.8. Polla.

y el servicio que se dio. Los trabajadores eligen a la persona que se responsabiliza de hacerlo (puede hacerse diario o por semana).

La *escala* consiste en reunir todas las propinas del turno y por estaciones de servicio del área trabajada, y en que el mesero asigne porcentajes o puntos de participación de las propinas de su sección (*Manuales seccionales de capacitación de CANIRAC*, 1985); por ejemplo:

Mesero	5 puntos	50 %
Garrotero	1 punto	10 %
Capitán	1 punto	10 %
Maître	1/2 punto	5 %
Chef/cocina	1.5 puntos	15 %
Barman	1 punto	10 %

El mesero muchas veces ocupa, de su 50 %, un tanto equitativo para la hostess (anfitriona o edecán que conduce a su mesa a cada comensal) y el valet (persona auxiliar en el servicio de baños o en el estacionamiento), para que lo pasen a su sección de trabajo. Esto es sólo una idea de lo que cada empleado puede hacer en su área de trabajo, no es una regla.

2 Mobiliario y equipo de comedor y bar

En cualquier establecimiento de servicio, la primera impresión del cliente al entrar al comedor o al bar es de suma importancia. Con sólo esta impresión se puede ganar o perder un cliente; por lo que la ambientación mediante la elección correcta y adecuada de los muebles y equipo es un factor que contribuye al éxito de un restaurante o un bar.

La elección de muebles y su ubicación, los blancos, la vajilla, los cubiertos y la cristalería, así como el equipo pequeño, se determina tomando como base lo siguiente:

1. El tipo de clientela.
2. El sitio o ubicación.
3. La disposición del área de servicio de alimentos y bebidas.
4. El tipo de servicio ofrecido.
5. El capital disponible.

Los puntos generales que deben tomarse en cuenta al comprar equipo para un área de alimentos y bebidas son los siguientes:

1. Flexibilidad en el uso.
2. Tipo de servicio ofrecido.
3. Tipo de clientela.
4. Diseño.
5. Color.
6. Durabilidad.

7. Fácil mantenimiento.
8. Ahorro de espacio.
9. Costo, fondos disponibles.
10. Facilidad de compras futuras.
11. Almacenaje.
12. Irrompibilidad.

ÁREA DE COMEDOR

El *comedor* es el área específica donde el consumidor (comensal) degusta sus alimentos en forma cómoda y grata.

MOBILIARIO

Los muebles deben escogerse de acuerdo con las necesidades del establecimiento. Con frecuencia al emplear diferentes materiales, diseños y acabados y mediante una distribución adecuada puede cambiarse la atmósfera y el aspecto del área de servicio de alimentos para las diversas ocasiones.

El material más utilizado en el amueblado de un comedor y bar es la madera, la cual es dura, vistosa y resistente y se usa en barras, mesas y sillas, con excepción de algunas cantinas, comedores para empleados y cafeterías. Para amueblar tales establecimientos también se emplean los metales, como el aluminio, el acero recubierto de aluminio y el latón. El aluminio es ligero y resistente, posee una gran variedad de acabados y se limpia fácilmente.

Las mesas con superficie de formaica o cubierta de plástico se usan en muchas cafeterías y comedores de empleados. Éstas son fáciles de limpiar, resistentes y eliminan el uso de mantelería.

En la actualidad se utiliza una gran cantidad de plástico y fibra de vidrio para la producción de sillas para comedor. Una de las ventajas es que son durables, fáciles de limpiar, ligeras, pueden apilarse y vienen en una gran variedad de diseños y colores. Estas sillas se encuentran más a menudo en bares, cafeterías, comedores de empleados, etcétera.

Sillas (asientos)

Las sillas tienen una enorme variedad de diseños, materiales y colores adecuados para todo tipo de ocasión. Podemos decir que las medidas estándares de las sillas son las siguientes:

- El asiento está aproximadamente a 46 cm del suelo.
- La altura del suelo a la parte superior del respaldo es de 1 m.
- El largo de la parte frontal del asiento al extremo del respaldo es de 46 cm.

Cabe aclarar que existe un sinnúmero de diseños que quizá, por hacerlos especiales y/o únicos, no respetan estas medidas que son las más cómodas y convenientes para el comensal. En la figura 2.1 se muestran algunos tipos de asientos.

Hay detalles que no deben omitirse bajo ningún concepto; si se asiste a un restaurante o bar; a degustar una bebida, o bien una buena comida, con la familia, con amistades o bien a cambiar impresiones sobre cualquier tema, hablar de negocios o cerrar una operación comercial, lo ideal y satisfactorio ante todo es estar cómodos y donde lo importante es que se conserve una relación entre el asiento de la silla y la cubierta de la mesa, en la que debe existir una distancia no menor a 25 cm ni mayor a 30 cm. Cuando la mesa tiene una altura (del piso a la cubierta) de 75 cm, el asiento de la silla debe conservar una altura del piso al asiento de 45 cm. No conviene que las sillas tengan respaldos altos porque entorpecen el servicio (*Manuales seccionales de capacitación de CANIRAC*, 1985).

Silla apilable para banquetes

Sillones para bar

Figura 2.1. Asientos.

Periquera o sillón
alto para barra

Silla adornada para banquete

Sillón para bar

Sillas (sencilla y con brazo)
para restaurante de lujo

Figura 2.1. (*Continuación.*)

Sillas con brazo

Mesas

Las mesas tienen tres formas básicas aceptadas: redonda, cuadrada y rectangular. Cualquier establecimiento de alimentos y bebidas debe contar con las tres formas de mesas, para proporcionar variedad, o mesas de una sola medida de acuerdo con la forma del establecimiento y el estilo de servicio ofrecido.

Los tamaños adecuados para las mesas son:

a) *Cuadrada:*

- 76 cm^2 para dos personas.
- 1 m^2 para cuatro personas.

b) *Redonda:*

- 1 m de diámetro para cuatro personas
- 1.52 m de diámetro para ocho personas.

c) *Rectangulares:*

- 1.37 m por 76 cm para cuatro personas, a la que se le puede añadir extensiones para grupos más grandes.

La figura 2.2 presenta algunos modelos de mesas.

Aparadores

Se conocen también como *estaciones de servicio* (por lo regular en cafeterías; véase fig. 2.3), se encuentran en el salón comedor y sirven para lo-

Mesa adornada para banquetes

Mesa circular para bar con sillones

Mesa rectangular para comedor

Mesa cuadrada para comedor

Arreglo de mesas para eventos especiales (negocios, conferencias, etc.)

Figura 2.2. Mesas.

Figura 2.3. Aparador o estación de servicio.

calizar el equipo necesario para ofrecer buena atención, y evitar o eliminar el tránsito que se provocaría por tener que caminar hasta la cocina, con lo cual se logra una mayor rapidez en beneficio de un mejor servicio.

Los aparadores contienen: cristalería, loza, mantelería, así como las diferentes salsas embotelladas (mostaza, mayonesa, catsup, inglesa), hielo, mantequilla, pan, galletas, saleros, pimenteros, vinagreras, azucareras, convoys, jarras con agua (al tiempo y fría), así como el equipo usual que se utiliza en el servicio de una sección de mesas. Su construcción puede ser de acero inoxidable, combinado con madera, plástico y otros materiales, donde el mueble tiene instalaciones de drenaje y agua (*Manuales seccionales de capacitación de CANIRAC*, 1985).

Mesas auxiliares (gueridones)

Por lo general son de madera, sólo las utiliza el personal y tienen la misión de facilitar el servicio. Son una herramienta más de trabajo, pero a su vez cumplen otras funciones importantes, como proporcionar una mayor vistosidad al servicio, mayor espacio y rapidez, y más libertad a los comensales. En algunos restaurantes se sustituyeron por las tijeras portacharola por su fácil manejo y aprovechamiento de espacio (fig. 2.4).

APARATOS Y ACCESORIOS

Llamaremos *aparatos* y *accesorios* a aquellos objetos que, de una u otra manera, apoyan el servicio haciéndolo lucir para lograr una mayor calidad y rapidez. Además facilitan las funciones del personal del comedor. En seguida se describe cada uno.

Figura 2.4. Tijeras portacharola.

Rechaud o *infiernillo*. El vocablo *rechaud* proviene del francés y significa "volver a calentar", que es en sí la función de este aparato, el cual emplea como combustible el alcohol. Mantiene la temperatura de los platillos que deben servirse calientes, aunque su función principal es la preparación y terminación de manjares a la vista de clientes.

Calientaplatos. Conserva los platos a la temperatura deseada, con el fin de que los alimentos no pierdan temperatura en su transporte. Esta máquina puede funcionar con gas o electricidad.

Calientafuentes. Se conoce también como *mantenedor*. Mantiene la temperatura adecuada de los manjares depositados en las fuentes.

Carro caliente. Se utiliza para transportar manjares y salsas que necesitan conservar una temperatura determinada; cuenta con un depósito donde se colocan todos los utensilios para su servicio.

Carro de postres. Cuenta con dos divisiones: en la parte superior se colocan los postres y en la inferior los utensilios. Lleva una campana de plástico transparente para cubrirlo ocasionalmente.

Carro de quesos. Similar al anterior, sólo que para quesos.

Carro de flamear. Tiene las mismas características que los dos anteriores, pero además cuenta con un infiernillo, así como con recipientes para azúcar, mantequilla, licores, etc., en la parte superior. Sirve para preparar platillos a la vista del cliente.

Portacafetera. Aparato eléctrico para conservar las cafeteras con café caliente.

Algunos aparatos y accesorios se muestran en la figura 2.5.

Carro de servicio

Carro flameador (gueridón)

Carro de servicio pastelero

Parrilla eléctrica para café y cafetera

Carro mostrador de bebidas

Figura 2.5. Aparatos y accesorios de comedor.

EQUIPO

El equipo de un comedor se integra de cinco grandes grupos: cristalería, loza, plaqué o cubertería, utensilios de servicio y utensilios varios, que a continuación presentamos en forma principalmente gráfica para su fácil identificación.

Cristalería

Conjunto de diferentes tipos y formas de vasos y copas de vidrio utilizados para el servicio de líquidos en un restaurante, bar, centro nocturno, discoteca y hasta en el hogar. En la figura 2.6 podemos apreciar la gran variedad de cristalería que existe.

Vasos:

a) Vaso high ball 12 oz
b) Vaso para refresco
    o jugo 10 oz
c) Vaso para refresco
    o jugo 8 oz
d) Vaso para agua 8 oz

e) Vaso con pie para agua
    o jugo
f) Vaso old fashion
    o rocas nacionales
g) Vaso old fashion
    o rocas alemán
h) Vaso tequilero doble
i) Vaso tequilero sencillo

a)   b) c) d) e)   f)   g) h) i)

Figura 2.6. Critalería.

Copas:

a) Coctel grande
b) Coctel chico
c) Agua
d) Vino tinto
e) Vino blanco
f) Champaña

g) Flauta champaña
h) Batidos
i) Copa licorera o cremera
j) Coñac especial
k) Coñac clásica
l) Cerveza flauta
m) Coctel martinera

a) b) c) d) e) f) g) h) i) j) k) l) m)

Tarro alemán

Cerveza Isabela

75

Copa champaña o margarita

Vinatera

Jarra popular

Copa malteada

Figura 2.6. (*Continuación.*)

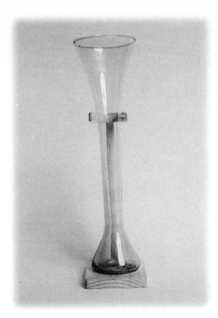

Yarda un litro

Yarda medio litro

Charola para nieve Tres Marías

Copa tulipán

Loza

Este término se le otorga al conjunto de los diferentes estilos y tamaños de platos, tazas, jícaras, platones, soperas, etc., elaborados de barro fino, recocido y vidriado o barnizado; destaca la porcelana con la que se elabora vajilla de gran calidad. Las porcelanas alemana, china y francesa se encuentran entre las mejores.

Platos

Existe una gran variedad de tamaños, formas, colores y de usos múltiples. Con base en los *Manuales seccionales de capacitación de CANIRAC* (1985), la clasificación de los platos es la siguiente:

Plato extendido. Llanos o lisos, también llamado "trinche", en él se sirven las carnes.

Plato hondo. Con ceja llamado "sopero", sirve de base para el tazón.

Plato de terno. Tiene una ceja centrada, en circunferencia que sirve para colocar la taza. A estas dos piezas se les llama *"terno"*.

Plato especial de loza refractaria. Sirve para colocar los alimentos que se hornean o gratinan, es resistente a altas temperaturas.

Plato especial. Para ostiones, caracoles o *lunch*.

Plato base. Es un plato más grande, llano, es el primero que se coloca en la mesa.

Plato entremés. Es de tamaño regular, se utiliza para el servicio de ensalada o entremés.

Plato pescado. Sirve para toda clase de pescado. Hay diferentes tamaños.

Plato verduras. Es un plato plano, pequeño, para colocar verduras cocidas.

Además de los anteriores, existen otros platos como el de postre, el plato para café, para moka y para huevos.

Por los diferentes diámetros de cada plato, cada restaurante les asigna su uso de acuerdo con su carta, proporciones o preparación. Generalmente se usa el plato extendido para alimentos solos o acompañados de salsas espesas; los platos hondos son especiales para los que contienen caldillos o líquidos ligeros; los platones o fuentes de diferentes tamaños en forma ovalada, redonda y rectangular que sirven para transportar varias porciones o raciones, las cuales el dependiente de comedor, las utiliza para servir de la fuente al plato de comensal o para el servicio francés.

Existen también tazas de diferentes formas y tamaños, las más pequeñas se denominan *demi-tasse* o *taza moka*, se utilizan para cafés concentrados.

Si se toma en cuenta que en la loza se sirve todo tipo de alimentos, deben utilizarse apropiadamente. En la figura 2.7 se muestra gran variedad de loza.

Platón ovalado llano

Sopera y hielera

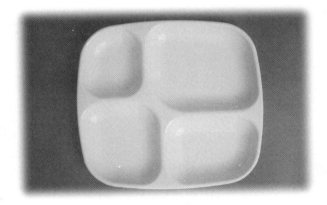

Charola para lunch

Plato con divisiones

Figura 2.7. Loza.

Loza

Loza

Tetera

Figura 2.7. (*Continuación.*)

Plaqué

Este término se le da a la amplia variedad de utensilios y equipo de plata, acero inoxidable o metal que se utilizan en el comedor, principalmente. Las piezas más comunes en un restaurante son:

- Tenedor para mariscos, para pescado, para carne, para pastel.
- Cuchara para consomé, para sopa, cucharilla para café, para helado y para té helado.
- Cuchillo para mantequilla, para carne, pala para pescado.

Algunos restaurantes tienen un gran surtido de cucharillas, tenedores y cuchillos especiales para servir frutas, pasteles, quesos, helados y mariscos, pinzas para caracol y tenedor especial, tenazas y agujas para crustáceos, cascanueces, pinzas para hielo, espátula para partir pastel, etc. (véase fig. 2.8).

Plaqué o cubiertos

a) Tenedor para postre
b) Tenedor para ensalada
c) Tenedor para carne
d) Tenedor de presentación
e) Cuchillo para pescado
f) Cuchillo para carne

g) Cuchillo de presentación
h) Cuchillo para ensalada
i) Cuchillo de mantequilla
j) Cuchara para sopa
k) Cuchara cremera
l) Cuchara para postre

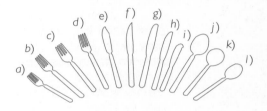

Figura 2.8. Cubiertos utilizados con más frecuencia.

Lambertine (1987), como se muestra a continuación, clasificó la gran variedad de plaqué o cubiertos.

Cucharas

Para moca: es la cuchara más pequeña de todas (fig. 2.9).
Para café: es pequeña con dimensiones mayores a la anterior (fig. 2.10).
Para postre: su parte cóncava es más alargada.
Para sopa: es la mayor y con más capacidad.
Para helados: presenta la forma de una paleta.
Para pastel: es de mayor tamaño donde su parte cóncava es más alargada (fig. 2.11).
Para mermelada: su parte cóncava es redonda y se utiliza para las frutas cocidas con azúcar (compota).

Figura 2.9. Cuchara para moca.

Figura 2.10. Cuchara para café.

Figura 2.11. Cuchara para pastel.

TENEDORES

Para ostras (moluscos de doble concha): consta de tres picos y su tamaño es ligeramente delgado y pequeño (fig. 2.12).

Para pescado: consta de tres a cuatro dientes de tamaño regular (figs. 2.13).

Para caracoles: tiene dos puntas aplastadas.

Para postres: tiene cuatro puntas y su tamaño es menor que el de pescado.

Para langostas: se compone de una punta que termina en dos puntas abiertas ligeramente y de mayor dimensión que los tenedores de mariscos.

Para pastel: tiene tres o cuatro puntas ligeramente abiertas (fig. 2.14).

Para fruta: consta de sólo dos puntas con separación de 1 cm.

Para pan: parecido al de las frutas, sólo que más pequeño.

Figura 2.12. Tenedor para ostras.

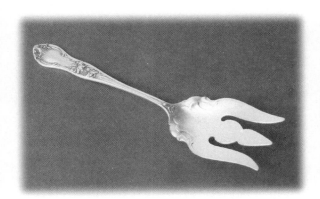

Tenedor para servir pescado

Tenedor para pescado

Figuras 2.13

Figura 2.14. Tenedor para pastel.

Cuchillos

Para mantequilla, fruta y postre: son pequeños y tienen forma de paleta, el de mantequilla no tiene filo y los de postre y fruta sí lo tienen (fig. 2.15).

Para carne: son más grandes que los demás y la mayoría tienen sierra para cortar.

Para queso: es de menor tamaño que el de carne y tiene filo discreto.

Pinzas

Para langosta: parecidas a las tijeras pero anchas, que en vez de cortar presionan; permiten sujetar con comodidad la langosta, a modo de cascanueces.

Para caracoles: parecidas a las tenazas, de forma triangular con los vértices redondeados.

Para hielo: tienen dos terminales que al hacer presión sujetan al hielo (fig. 2.16).

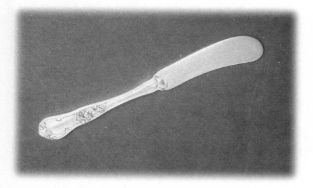

Figura 2.15. Cuchillo para mantequilla.

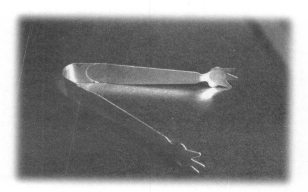

Figura 2.16. Pinzas para hielo.

Palas

Para pescado: tiene forma de un cuchillo y su paleta mucho más ancha, sin filo (fig. 2.17).
Para canelones: tiene forma de paleta ancha y cuadrada con salientes en sus cuatro vértices.
Para huevos: tiene la parte superior circular sin parte cóncava.

Otros cubiertos utilizados son: la cucharita para helado con forma de guitarra; la cucharita para papilla, ligeramente larga y delgada; el tenedor para el servicio de legumbres; la cuchara para legumbres, grande y ancha que acompaña al tenedor como pareja de servicio y la pala o espátula para pastel, ligeramente ancha con paleta en forma de triángulo para facilitar el servicio del pastel (véanse figs. 2.18 a 2.22).

Figura 2.17. Paleta para servir pescado.

Figura 2.18. Cuchara para papilla.

Cuchara grande para servir

Cucharón para servir

Tenedor grande para servir

Figura 2.19

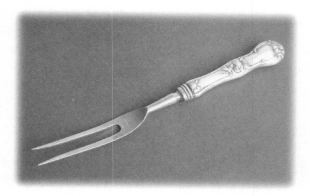

Figura 2.20. Tenedor para trinchar.

86

Figura 2.21. *Scoop* o cucharón para servir helado.

Figura 2.22. Servicio pastel.

Utensilios de servicio

Charolas

En el comedor y bar se requiere de bandejas (charolas) para transportar los alimentos emplatados, así como las bebidas y cocteles. Las bases de éstas no deben ser resbaladizas y deberán estar elaboradas con una cubierta de corcho para evitar el movimiento de lo que se sirva, en caso contrario, debe utilizarse una servilleta especial humedeciéndola para que los platos no resbalen. Las charolas comunes en el comedor son ovaladas, rectangulares o redondas, aunque estas últimas son más utilizadas para el servicio en el bar.

Los diferentes tipos de charolas pueden ser:

- Charola trapezoidal de fibra de vidrio; las hay para servicio de comedor, cafetería, *self-service* (autoservicio), en especial cuando es servicio de barra o universitario.
- Charola ovalada utilizada para llevar el servicio a la mesa.

- Charola de fibra de vidrio, para cambios o recoger *muertos* (término utilizado para los platos sucios de las mesas).
- Charola redonda con corcho o sin corcho.

Las dimensiones que deben tener las de comedor son 45 a 60 cm de diámetro (circulares), o 45 cm de ancho por 60 cm de largo (rectangulares). Las del bar son circulares de 25 a 35 cm de diámetro. Algunas charolas aparecen en las figuras 2.23 y 2.24.

Charola para cambios

Charola rectangular

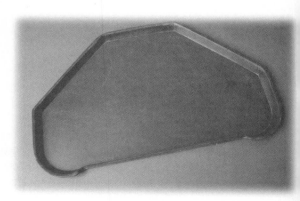

Charola trapezoidal

Figura 2.23

Figura 2.24. Charolas de comedor y bar.

Utensilios varios

Son las herramientas necesarias más comunes en los comedores o bares para brindar eficazmente la producción de los alimentos, así como para otorgar un adecuado servicio al comensal. En las figuras 2.25 a 2.28 se muestran estos utensilios para conocerlos y utilizarlos en caso necesario.

Es básico tomar como utensilios indispensables y de apoyo para todo el personal de comedor, los cerillos o encendedor, el lápiz o bolígrafo, la libreta de apuntes, el limpión o servilleta de servicio, y el destapador con sacacorcho (fig. 2.29).

Figura 2.25. Brochetas de carne y de pollo.

Figura 2.26. Tabla para carne, servilletero y portacubiertos.

Figura 2.27. Mesero con plato y cubrefuente.

Sartén para crepas

Cio o lavadedos

Porta capuchino

Figura 2.28

Sopera

Salsera

Tirabuzón

Cazo para Fondeau

91

Tirabuzón

Limpión

Figura 2.29

BAR

Al bar se le conoce internacionalmente por ser un lugar donde se puede disfrutar, pasar unos momentos de solaz y regocijo, tratar negocios, algún festejo, etc. Es el área encargada de "repartir y compartir", lo cual se realiza con algunas bebidas, que van desde refrescos embotellados hasta cocteles perfectamente bien preparados de acuerdo con la categoría y estilo del establecimiento.

MOBILIARIO Y MÁQUINAS

Barra/mostrador. Un bar se integra principalmente de dos mostradores: el *mostrador frontal (barra)*, sobre el que se sirven las bebidas y que, cuando las circunstancias y la situación lo permiten, puede ser utilizado por los clientes; y el *mostrador posterior (aparador)*, donde se exhiben las bebidas y, en algunos casos, sirve para almacenarlas o guardarlas (fig. 2.30).

Figura 2.30. Barra

Marimba. Mueble donde, a la vista del comensal, se cuelgan las copas.

Mesas y sillas. Mostradas en la sección anterior, sólo que con sus tamaños específicos. Aquí se incluye el clásico banco de barra, así como el *pug* que algunos bares han adoptado como asiento de bar. El pug es un asiento bajo, holgado, esponjado y moldeable al cuerpo. No tiene ninguna estructura sólida, es parecido a una gran pelota desinflada.

Refrigeradores. Abajo de la barra o al lado del mostrador hay refrigeradores para mantener frías algunas bebidas, como cerveza, mezcladores y vinos.

Máquina de hielo. Puede contarse con una pequeña máquina de hielo para disponer de todo el hielo que se requiera, aunque en la mayoría de los casos, se cuenta con abastecimiento de hielo por bolsas, las cuales se conservan en los refrigeradores de esta área.

Coctelera. Se encuentra colocada en la parte inferior de la barra y consiste en un mueble especial, normalmente de acero inoxidable, que cuenta con depósitos especiales donde se colocan las diferentes botellas abiertas para usarlas en la preparación o servicio de las bebidas solicitadas por los clientes; en esta misma coctelera, se encuentran dos tarjas que se utilizan para colocar en ellas el diferente tipo de hielo necesario en la preparación de bebidas.

Tarja. Mobiliario de acero inoxidable que se ocupa para el lavado de cristalería y/o utensilios utilizados en el bar; debe tener llave de agua y escurridor.

Área de trabajo. En la parte interna, entre los mostradores y la barra, se tendrá un espacio destinado al trabajo (picar, cortar) de las frutas y verduras que se requieran para la presentación de las bebidas.

Carro de bebidas. Carro en que se transportan bebidas al interior del restaurante. En la parte superior irán colocadas las botellas de bebidas y un cubo con hielos y pinzas. En la parte inferior se colocarán los vasos y copas correspondientes al tipo de bebidas transportadas.

Cafetera con dosificadores. Es la máquina para preparar café y tiene dosificadores para cada tipo de café (capuchino, express, americano, etc.).

Batidora. Se utiliza en la preparación de batidos, como helados, leche, refrescos de fruta, jarabes, y en algunas ocasiones, para elaborar mayonesa sin dejar grumos (fig. 2.31).

Exprimidor. Esta máquina permite obtener diferentes zumos o jugos de frutas; puede ser manual y/o eléctrica (fig. 2.32).

Licuadora. Sirve para mezclar jugos de frutas y otros productos; con ella también se logran papillas y purés.

Trituradora de hielo. Se emplea para la obtención de hielo triturado y *frappé* para diversos usos, tanto de preparación como para presentación de las bebidas.

Figura 2.31. Batidora.

Figura 2.32. Exprimidor manual.

Accesorios y utensilios

Las personas que trabajan tras la barra, necesitan una serie de accesorios y utensilios (señalados en los *Manuales seccionales de capacitación de CANIRAC*, 1985) para facilitar su labor; en las figuras 2.33 a 2.40 se muestran los principales.

Tabla para cortes. Apoyo utilizado para cortar los adornos de frutas (fig. 2.34).
Cuchillo para cortes (grande). Para cortar fruta de gran tamaño como sandía, papaya, melón, etcétera.
Medidor o jigger. Para medir porciones de bebidas (1 onza o 1.5 onzas); actualmente se ocupan dosificadores automáticos para respetar la medida estándar del establecimiento.
Cuchillo para adornos. Cuchillo pequeño que se utiliza para las decoraciones, adornos o guarniciones de los cocteles preparados con rodajas de limón, espiral de pepino, triángulo de piña, etcétera (fig. 2.35).

Figura 2.33. Utensilios.

Figura 2.34. Tablas para cortes.

Figura 2.35. Cuchillo para adornos.

Embudo. Utilizado especialmente para pasar de un recipiente a otro los jugos naturales que se preparan antes de abrir el establecimiento (fig. 2.36).

Hielera. Utilizadas para presentar a la mesa y/o depositar cubos o hielo picado en el bar.

Destapador con sacacorchos. Para descorchar vinos y abrir refrescos.

Cucharón para hielo. Para manejar hielo en cubos o picado, sin contaminarlo con las manos.

Pinzas para hielo. Durante el servicio o en la producción, para depositar hielo en los vasos.

Espumadero. Para detener hielo y espuma al verter el coctel preparado en la coctelera manual.

Cepillo para hielo. Para hacer hielo *frappé* (hielo raspado finamente) (fig. 2.37).

Vaso coctelero. Utilizado para mezclas sencillas y cocteles no espumosos.

Picahielos de seis o de ocho puntas. Para picar y triturar hielo.

Cuchara moldeadora. Para moldear las perlas decorativas de fruta.

Abrelatas. Utilizado para abrir latas, puede ser fijo, manual o eléctrico (fig. 2.38).

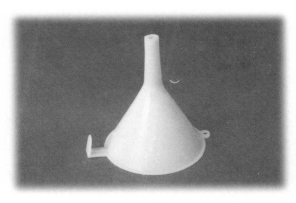

Figura 2.36. Embudo.

Figura 2.37. Cepillo para hielo.

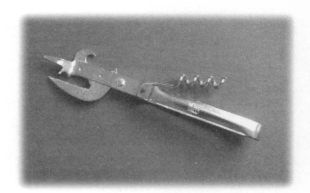

Figura 2.38. Abrelatas.

Destapador. Pueden ser fijos (pegados en la barra o pared) o individuales de uso manual, para abrir cervezas, jugos o refrescos (fig. 2.39).

Cucharita. Utilizada para agitar bebidas preparadas. Su mango es alargado y delgado.

Enfriadera o champañera. Recipiente para enfriar botellas de vino en el servicio a las mesas, se coloca en el tripié de servicio de vinos.

Sacacorcho. Utilizado para descorchar botellas de vino.

Picahielo. Para partir barras grandes de hielo (fig. 2.40).

Tijeras. Utensilio para apoyar la charola con platos durante el servicio.

Pimentero. Depósito de pimienta pequeño y de fácil uso.

Salero. Depósito pequeño de sal.

Jarra. Para servir agua o jugos sin permitir la salida del hielo.

Cinta adhesiva. Se recomienda que en barra siempre exista una, en especial para sujetar los marbetes despegados (los marbetes son etiquetas que envuelven la boca de la botella como sello de seguridad, tanto fiscal como de autenticidad).

Charolas. Se utilizan para transportar bebidas, platillos o utensilios.

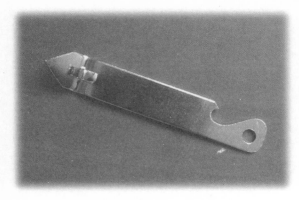

Figura 2.39. Destapador.

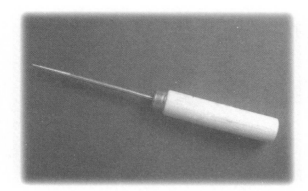

Figura 2.40. Picahielo.

Es importante contar con recipientes para botellas vacías y desperdicios en general.

DIFERENTES TIPOS DE HIELO

Para el buen servicio que la barra debe ofrecer, existen tres presentaciones de hielo para satisfacer las necesidades específicas de los cocteles y bebidas en general:

Frappé (hielo raspado finamente). Utilizado para los cocteles que se sirven "a punto de nieve", conocidos como *frozen* (congelado); ejemplo: coctel margarita *frozen/frappé*.

Hielo en cubo. Utilizado para las bebidas, mezclas y cocteles servidos en vaso largo; ejemplo: una cuba libre.

Hielo en grano (triturado). Es el hielo intermedio entre los dos tipos antes mencionados, los trocitos de hielo se utilizan en el coctel o mezcla preparada como en el coctel margarita.

La barra debe también contar con recipientes para botellas vacías y desperdicios en general.

EQUIPO

Calientacopas. Utiliza alcohol como combustible. Una vez que el mechero está encendido se acerca una copa al mismo, a cierta distancia para evitar que se rompa; este servicio se realiza con coñacs y brandys de alta calidad.

Tripié. Se ocupa en el servicio de bebidas frías (vino blanco, rosado y champaña), para mantener su temperatura durante todo el servicio. El tripié consta de una base y un recipiente con forma de cilindro, donde se introduce el hielo para depositar la botella; se coloca junto a la mesa del cliente.

Cesta para transporte y presentación del vino. Se emplea para los vinos tintos. Las cestas son generalmente de mimbre o de junco, llevan asas para facilitar su manipulación y se completan con una servilleta, sobre la cual se pone la botella.

Cona. Es una cafetera portátil de cristal que permite preparar el café a la vista del cliente.

CRISTALERÍA

La cristalería es el conjunto de vasos y copas con que cuenta un establecimiento para preparar y servir bebidas a los clientes. Por regla general, debe estar hecha de vidrio transparente sin dibujos o grabados, para que al servir una bebida a una persona, ésta pueda ver claramente su contenido y apreciar así las tonalidades de los vinos o licores.

Es conveniente señalar la conversión exacta de mililitros a onzas, ya que la mayoría de las recetas de bebidas se presentan en onzas:

$$1 \text{ onza} = 28.57 \text{ ml}$$

Algunos especialistas redondean la cantidad en mililitros a números cerrados para facilitar la estandarización de las recetas, conversión y costeo:

$$1 \text{ onza} = 30.00 \text{ ml}$$

Copas

Para vermut. El nombre corresponde a la bebida preparada con vino blanco, aderezada con varias sustancias amargas y tónicas, que sirve como aperitivo. Esta copa se utiliza para servir este aperitivo y el jerez.

Sour. En esta se sirven todos los cocteles ácidos preparados a base de jugo de limón.

Champaña. Este tipo de copa se utiliza para servir este vino espumoso. También se ocupa, por estética y presentación, para cocteles espumosos a base de leche, como el Alexander y las Medias de seda.

Para jerez. Suele ser parecida a la del vermut, en ella se sirve la bebida del mismo nombre.

Para helados. Se utiliza para servir de forma vistosa el helado, pero también se ocupa para presentar el coctel de frutas en los desayunos o comidas.

Para ponche. Es poco común, pero sirve para todos aquellos cocteles preparados con clara de huevo y jugo de frutas, y a base de leche y huevo.

Para golden (bebidas oro). Es ligeramente más ancha y se utiliza para presentar los cocteles preparados a base de yema de huevo.

Para fizz (bebidas efervescentes). Se utiliza para los cocteles preparados con algún producto gaseoso, que tienen como base la clara de huevo.

Para cocteles. Es la típica copa que nos saca de apuro, ya que se utiliza para servir cocteles o preparados de cualquier índole. Por su forma es más resistente que otras; de esta manera soporta líquidos calientes.

Daiquirí. Es la copa propia para servir el coctel que lleva su mismo nombre. Consiste en la mezcla de ron, zumo de limón y marrasquino (licor hecho con cerezas amargas y azúcar).

Para martinis. La copa presenta un diseño propio para la presentación del mencionado coctel. Consiste en la mezcla de vodka y vermut, decorado con una cebollita de Cambray o una aceituna.

Bol champaña (copa honda). Este tipo de copa es ligeramente más profunda y ancha; se utiliza exclusivamente para cocteles preparados a base de frutas.

Para cremas. Es una de las copas más pequeñas, también llamada licorera; algunas veces se ocupa para servir leche o crema, es también propia para acompañar el servicio de café.

Para plus (adicional). Este tipo de copa es pequeña como la licorera y cremera, se utiliza para servir licores dulces.

Para flips. Es una copa especial para los cocteles que llevan este mismo nombre y que se preparan con coñac, huevo completo, frutas y azúcar.

Para coñac (también conocida como globo). Su diseño es exclusivo para servir y presentar este destilado especial y exclusivo de la región francesa que lleva su mismo nombre.

Para vino blanco. Es la copa más pequeña de las cuatro similares, se utiliza para el servicio del vino de este color.

Para vino rosado. Es la copa intermedia inferior de las cuatro copas similares para el servicio del vino de este color.

Para vino tinto. Es la copa intermedia superior de las cuatro similares para servir este vino.

Para agua. Es la copa más grande de las cuatro similares, en muchas ocasiones se confunde por su tamaño con la del vino tinto.

Para pernoud. Es una copa alargada, tiene una pequeña tapa, se utiliza para servir la bebida que lleva su mismo nombre, conservando su aroma.

servir la bebida que lleva su mismo nombre, conservando su aroma.

Para margarita. Es también conocida como champañera; se utiliza para varios tipos de cocteles.

Vasos

Roca extragrande. Este tipo de vaso se utiliza para el servicio de licores secos en las rocas (sobre hielo en cubos).

Vaso de cuatro y seis onzas (114.28 - 171.42 ml). Son los que comúnmente se utilizan para servir el jugo de los desayunos; también se ocupa para servir licores sin hielo y sin agua, y para los *cheiser* (vaso de agua mineral) para acompañar un licor determinado.

Vaso de ocho onzas (228.46 ml). Se utiliza para bebidas refrescantes y jugos de frutas.

Vaso de diez onzas   (285.57 ml). Es el que tiene la medida adecuada para bebidas largas como las combinadas con alguna bebida gaseosa, hielo, cítrico y el destilado deseado.

Vaso de doce onzas   (342.84 ml). Es el propio para los cocteles o mezclas especialmente refrescantes.

Vaso para jugos. Por su tamaño estándar este tipo de vaso se utiliza para servir cualquier bebida, jugo o coctel.

Vaso fashioned (moda/estilo). Es un vaso pequeño que, por su tamaño y volumen, se emplea para algunos licores acompañados con hielo. Hay de varios tamaños.[1]

[1] Leonice C. Lambertine, *Administración de bar, cafetería y restaurante*, CECSA, México, 1982.

Organización del comedor y el bar

Como ya mencionamos, en cualquier establecimiento de alimentos y bebidas, la primera impresión del cliente al entrar al comedor es de suma importancia; "se puede ganar o perder al cliente", por lo que es necesaria una adecuada planeación del restaurante para lograr el éxito deseado.

PRESENTACIÓN DEL RESTAURANTE

Una adecuada planeación de un establecimiento de alimentos y bebidas se advierte de inmediato, a primera vista, por lo grato que resulta su presentación; esa expresión de agrado, al entrar al restaurante, es el punto más importante, ya que el cliente (comensal) busca saciar el deseo, gusto, curiosidad y/o exigencia. Lograr esto definitivamente depende de saber enfocar bien, desde la planeación, el giro, estilo y objetivo del restaurante al ingresar a la industria restaurantera. Recordemos que para lograrlo debemos tomar en cuenta los siguientes puntos:

1. El tipo de clientela.
2. El sitio o ubicación.
3. La disposición del área de servicio.
4. El tipo de servicio ofrecido.
5. Los fondos disponibles.

Por tanto, el estilo y giro que le dé a su establecimiento, determinará su presentación.

DECORACIÓN

Los restaurantes actuales, prefieren tener un sistema versátil de alumbrado por medio del cual el área de servicio de alimentos y bebidas tenga un alumbrado brillante durante la comida y un tipo de luz difusa durante la noche (cuando carecen de luz natural, como ventanales y domos), con la finalidad de poder cambiar los colores de las luces para acontecimientos especiales, como fiestas, congresos, etcétera.

Se dice que en los comedores debe haber un esquema de colores y luces que atraiga y agrade al mayor número de personas posible. Existe una asociación definida entre el color y los alimentos que no debe descuidarse porque se ha comprobado que algunos provocan sueño o miedo de hablar. Los colores considerados como los más aceptables (pero sin llegar a tonalidades extremas) son: durazno, amarillo claro, verde claro, beige, azul y turquesa. Estas tonalidades reflejan los colores encontrados en los alimentos presentados al comensal. La iluminación brillante es adecuada para los bares cuyas paredes son de color claro, pero en las áreas de servicio de alimentos es necesaria una iluminación menos intensa y colores cálidos en las paredes para proporcionar una atmósfera tranquila y agradable, preferentemente con más luz natural, no artificial (lámparas), sin embargo, actualmente hay mayor número de establecimientos con poca iluminación y música viva. El color también contribuye a crear sensación de limpieza. Los accesorios de las mesas también juegan un papel muy importante, por lo que deben elegirse cuidadosamente. Los manteles planchados, las servilletas limpias y los cubiertos favorecerán una atmósfera agradable.

MANTELERÍA O BLANCOS

Son algunos de los artículos más costosos, de modo que su control debe ser riguroso. A los manteles se les debe dar el uso adecuado y un buen cuidado, para prolongar su duración.

Hay una gran variedad de manteles: de tela ordinaria, de tela fina, típicos, de colores, etc.; así como de diferente calidad, desde el lino irlandés y el algodón hasta los manteles sintéticos, como el *nylon* y el rayón. El tipo de blancos que se utilice dependerá de la clase de establecimiento, el tipo de clientela, el estilo de menú y los servicios ofrecidos (fig. 3.1).

Los principales artículos de blancos son:

1. *Manteles*: de 137×137 cm, para una mesa de 76 cm^2 o una mesa redonda de 1 m de diámetro; de 183×183 cm para una mesa de 1 m^2 o de 183×244 cm para mesas rectangulares.
2. *Mantelillos* (manchados, cubremantel o tapa): de 1×1 m si son de tela o de 90×90 cm si no lo son.
3. *Servilletas*: de 46 o 50 cm^2 si son de tela o de 36 o 42 cm^2 si son de papel.
4. *Manteles para buffet*: de 2×4 m y de 1.60×3 m.

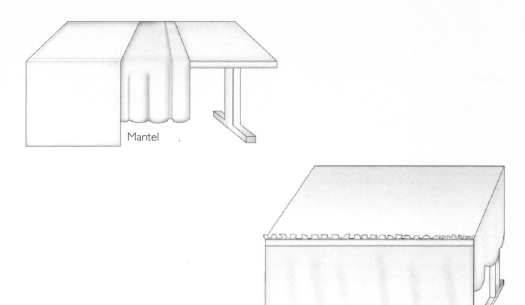

Mantel

Bambalina

Figura 3.1. Algunos artículos de mantelería.

5. *Manteles para los carritos y los aparadores.* Generalmente se ocupan los manteles muy gastados de las mesas, los cuales son arreglados para darles la forma y el tamaño de los carritos y los aparadores.

6. *Servilletas o paños para meseros y el servicio.* Todos los meseros los usan como protección para recipientes calientes y para mantener limpios los uniformes; por lo regular, son las servilletas más gastadas del establecimiento.

7. *Paños para la cristalería y el servicio.* Los mejores son de lino y algodón y se utilizan para el secado y trapeado de copas y cubertería; tienen la misma medida que las servilletas.

8. *Molletón* (felpa). Se colocan sobre la cubierta de mesas, se hacen a la medida de éstas y tienen un resorte en su orilla para cubrirlas completamente; se utilizan con la finalidad de evitar el deslizamiento del mantel y para eliminar el ruido originado al colocar el equipo sobre la mesa; ya que debe estar limpio, se cambiará cuantas veces sea necesario.

9. *Bambalina.* Se colocan (como cortina) alrededor de la mesa principal, de banquetes y/o de eventos especiales, para darle vistosidad, así como para guardar cosas que se requieran durante el servicio sin que los invitados las vean. En la mayoría de los casos son de 74 o 75 cm de altura por los metros que se requieran cubrir de la mesa.

El servicio de alimentos y bebidas no sólo requiere de manteles para brindar un servicio eficiente y completo, sino también un sinnúmero de telas de varias texturas, colores y tamaños, para diferentes actividades. El amplio uso de las distintas telas que cubren necesidades diversas en cada área de trabajo, ha originado que sean conocidas como *blancos*, no sólo como mantelería. Los blancos incluyen trapos, jergas, molletones (cubremesa), franelas, limpiones, toallas, manteles, servilletas para el comensal, servilleta o toalla de servicio del mesero (*caballo*), servilleta de limpieza, de servicio a mesas, de montaje, para secar las manos y muchos otros usos.

PLANEACIÓN DEL SERVICIO

Se refiere al modo, estilo y funcionalidad que se le dará al área designada para el servicio de alimentos y bebidas, y para ello debe comenzarse con la apropiada ubicación y distribución de áreas (bar-restaurante), del mobiliario en cada área, de las secciones/estaciones de servicio, de las áreas de acceso libres, de los aparadores/*stands*, etcétera.

UBICACIÓN Y AFORO

Este tema es uno de los más delicados a tratar cuando se lleva a cabo por especialistas en la materia, ya que el dueño inversionista, desea tener un sinnúmero de mesas, esperando obtener ganancias económicas altas (se tiene la idea de que mientras más mesas haya en el establecimiento, más se va a vender y se tendrá más utilidad). Pero realmente y para un correcto servicio con calidad, hay lineamientos a seguir para lograr la funcionalidad adecuada del área designada para el servicio de comedor y bar.

La colocación y distribución de mesas y sillas puede ser simétrica. Existen diferentes simetrías en la colocación de mesas, entre éstas están las siguientes: rectangular (las mesas se colocan en línea recta), en diagonal (se ponen en forma diagonal) y en círculo (fig. 3.2).

Vialidad, espacios y medidas

Al hablar de vialidad, espacios y medidas en el comedor y el bar se requiere de un estudio muy especializado. Para presentar este tema muestro brevemente los aspectos básicos que puedan interesar al lector, con la finalidad de cubrir las dudas de distribución, vialidad, espacios y medidas más frecuentes en establecimientos de alimentos y bebidas, los cuales serán útiles en el proceso de diseño de un establecimiento, tomando en cuenta los factores humanos más importantes en el estudio de espacios, como los psicológicos, sociológicos y culturales.

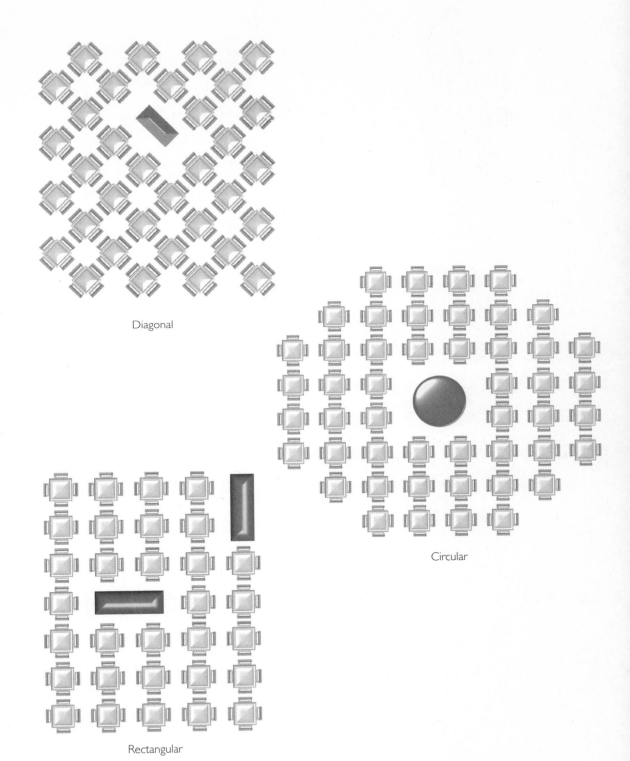

Diagonal

Circular

Rectangular

Figura 3.2. Colocación de mesas.

107

Áreas para comer

Para calcular la dimensión de una mesa hay que integrarla en la *zona de asiento*, que es el espacio de actividad personal situado inmediatamente delante de la plaza individual, que generalmente es de 92 a 107 cm (Panero, 1993). También deben considerarse los elementos de servicio y las profundidades óptimas y mínimas recomendables para establecer las medidas del espacio corporal del ser humano que son desde 61 hasta 76 cm.

En la figura 3.3 la mesa de desayuno es de medida estándar. La holgura entre la orilla de una mesa y la pared u otro obstáculo físico debe, al menos, considerar dos elementos:

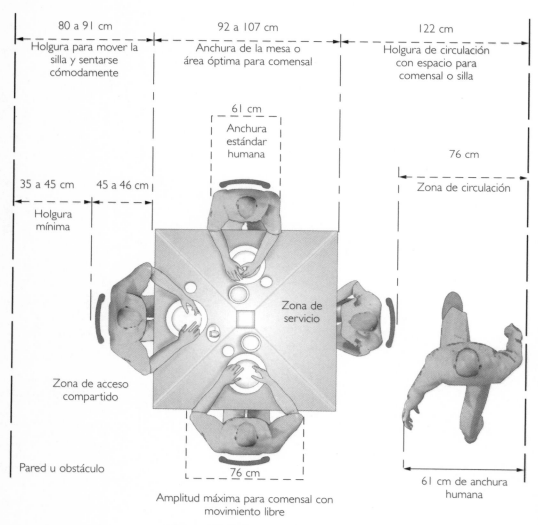

Figura 3.3. Mesa para cuatro personas.

a) El espacio que ocupa la silla (46 cm).
b) La anchura de una persona de complexión media que pueda pararse y pasar por el espacio que separa la silla y la pared (35 a 45 cm).

Al calcular el número de personas que caben en torno a una mesa, el dueño confía frecuentemente en el mobiliario que ha adquirido, siempre que éste haya sido seleccionado para su verdadera utilización, ya que a veces, se ocupa para un servicio diferente para el que fueron construidos y obviamente, provoca problemas al personal de servicio y gran incomodidad para el comensal. La separación entre el filo de la mesa y respaldo de la silla será de 45 a 46 cm. Es necesario prever que los codos pueden extenderse (entonces deberán considerarse 76 cm) y conocer las dimensiones del comensal que en promedio es de 61 cm. El área de circulación adecuada puede ser desde 76 hasta 92 cm y si a éste, le aumentamos la medida de un comensal sentado (de perfil), se sumarían 46 cm, dando un total de 122 cm para el área de circulación y un comensal sentado (FONATUR, 1991).

En la figura 3.4 la holgura entre el respaldo de una silla y de otra más cercana debe, al menos, ofrecer espacio suficiente de las sillas en relación con su respectiva mesa y tener una distancia mínima entre respaldos de 31 cm y un

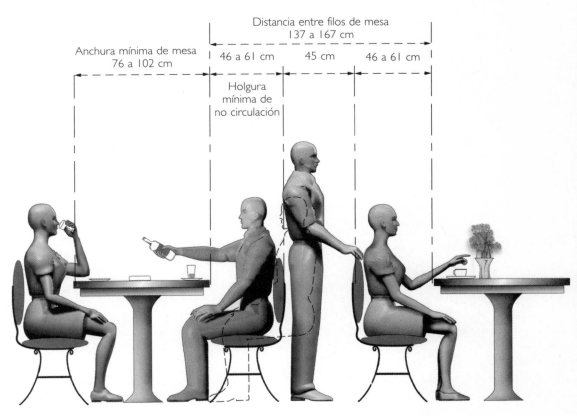

Figura 3.4. Holgura y zonas de no circulación en las mesas.

máximo de 45 cm, esta última permitiendo paso entre las sillas pero sin circulación de servicio.

En resumen, en los espacios para comer no pueden perderse de vista las medidas siguientes:

- Plaza óptima de servicio (espacio adecuado en el servicio en la mesa): de 76 a 77 cm por persona (ancho del comensal).
- Plaza de servicio mínima para cada comensal en la mesa: de 45 a 46 cm.
- Plaza óptima del asiento, en la mesa, con el comensal sentado: de 46 a 47 cm.
- Plaza máxima del asiento, con el comensal cómodamente sentado: de 61 cm.
- Entre el respaldo de la silla y el respaldo de la silla de la mesa más cercana debe haber una distancia de 30 a 31 cm sin circulación ni paso, pero si entre éstas hay mínimo paso (sin circulación de servicio) debe haber 45 cm de espacio.
- Entre el respaldo de la silla y la pared u obstáculo (pilar, columna, mueble, etc.) debe haber de 35 a 46 cm.
- Entre la orilla de la mesa y la pared, incluyendo silla del comensal, habrá una distancia desde 80 hasta 91 cm.
- La zona de circulación para el mesero, desde el respaldo de la silla del comensal bien sentado será de 76 a 77 cm.
- La zona de circulación desde la orilla de la mesa, incluyendo silla del comensal será de 1.20 a 1.22 m de ancho.
- La zona de circulación para minusválidos entre pared y mesa o pasillo de acceso será de 1.37 m de ancho.

Debemos recordar tres puntos muy importantes:

1. La longitud de la mesa basta para acoger la anchura de la silla.
2. Es necesario considerar la máxima anchura corporal del comensal con mayor tamaño, más un incremento en concepto del desplazamiento de los codos separándose de los costados.
3. Las dimensiones de los espacios de cada asiento (FONATUR, 1991).

Es de vital importancia tomar en cuenta los puntos anteriores al momento de planear un servicio determinado en las empresas de servicios de alimentos y bebidas.

Áreas para bares

Desde mi punto de vista, una de las zonas menos cuidada, es el área disponible para trabajar entre las barras (mostrador posterior y aparador principal), ya que muchas veces se tiene lo suficiente para trabajar y sacar del apuro las bebidas y cocteles, pero la importancia de esta zona es el proporcionar espacio suficiente para almacenar, distribuir y facilitar el quehacer del cantinero (barman) para cumplir con las exigencias del establecimiento, sea como barra de bar, discoteca, centro nocturno, de banquete o para compartir el servicio en un restaurante bar.

En la figura 3.5 se muestra la separación entre la barra y el aparador de un bar, mismo que proveerá el suficiente espacio para trabajar (mínimo 90 cm) y acomodar a un cantinero y a otra persona que pase detrás de él cómodamente. Esta holgura se deduce a partir de la máxima anchura y profundidad corporal, siendo el mayor espacio de 1.15 m dependiendo de la actividad y demanda que tenga el establecimiento.

El espacio del cantinero que atiende a la barra es de 75 cm; el banco de barra es, por lo regular, de 30 cm con separación entre los asientos de 30 cm; sin embargo, sólo permite que menos de 5 % de los clientes accedan a su asiento sin molestar a la persona de al lado. Una separación de 45 a 58 cm facilitará a 95 % de los usuarios, acercarse a la barra sin molestar a las demás personas sentadas en los bancos de la misma (FONATUR, 1991).

Frente a la barra del bar se dotará de una zona de actividad para clientes de 46 a 61 cm que abarca espacios de acceso para sentarse y para estar de pie, junto con otro adicional de paso; la zona de circulación será de 76.2 cm como máximo.

La barra de bar con asientos es el ejemplo clásico donde, además de los aspectos antropométricos, entran en juego los factores subjetivos como determinantes de la separación de los mismos (Panero, 1993). Las diferencias culturales, por ejemplo, pueden favorecer la proximidad entre clientes. En ciertas ocasiones, el exceso de propincuidad puede ser deseable, en otras molesto. La densidad de personas y la separación de asientos influyen también en la interacción social: cuanto mayor sea la densidad, mayor es la interacción (véase al final de esta obra el apéndice "Criterios básicos de diseño para establecimientos de alimentos y bebidas").

Algunas medidas básicas para la holgura de la barra típica son:

a) Zona de trabajo tras la barra: de 90 a 115 cm.
b) Superficie de barra: de 45 a 61 cm.
c) Separación entre pared, u obstáculo físico más cercano y cara frontal de la barra: 1.37 m.
d) La mayoría de las barras tiene una altura de 1.10 a 1.30 m.
e) Toda barra de bar debe tener un apoyapiés de 18 a 23 cm de altura, con una separación de la barra de 15 a 22 cm.
f) El taburete o banco, frente a la barra para el cliente deberá medir de 76 a 80 cm de altura.
g) Del asiento del taburete o banco a la parte inferior de la barra debe existir un espacio de 27 a 30 cm para que las piernas tengan libre movimiento.

La improvisación no cabe en estos aspectos tan importantes; no obstante, son pocos los restauranteros que revisan estos conceptos en la construcción de las áreas de servicio de alimentos y bebidas. Por tanto, es indispensable considerar las dimensiones humanas que entran en el diseño de espacios

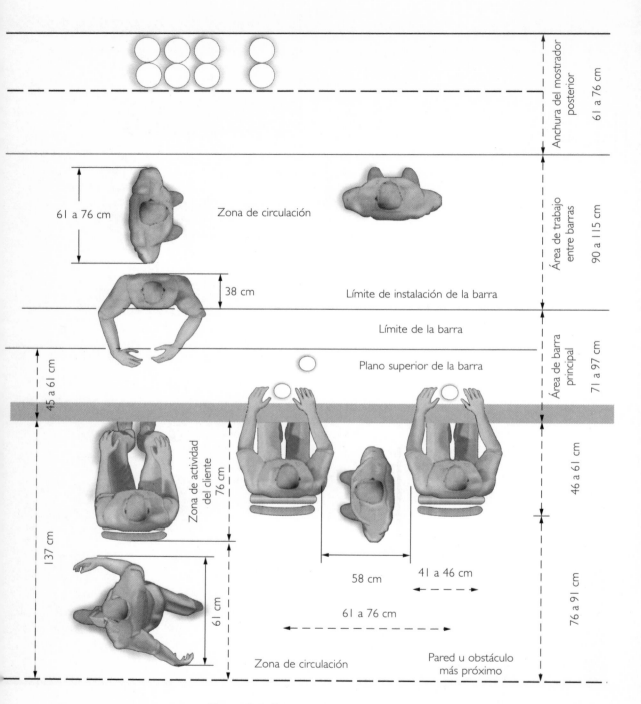

Figura 3.5. Barra y mostrador posterior.

y elementos relacionados con las actividades de comer y beber, sin ignorar a quienes trabajan en los mismos; así como el estudio de accesibilidad con la mesa para las sillas de ruedas y sus usuarios. Si no se respetan los espacios y la relación entre la altura de los asientos y del apoyapiés, los pies del cliente quedan colgados provocándole cansancio e incomodidad innecesaria, ya que comprimen la cara interna de los muslos justamente detrás de la rodilla, causando irritación cutánea y obstrucción del riego sanguíneo (Panero, 1993).[1]

ESTACIONES Y APARADORES (CONVOY DE SERVICIO)

Son muebles que se localizan en lugares estratégicos, como esquinas, recodos o columnas, y que tienen como objetivo agilizar el servicio; también se conocen como *oasis* o *fuentes de abastecimiento*. Deben estar perfectamente equipados para dar un buen servicio en comedor (véase el capítulo anterior.)

NUMERACIÓN DE MESAS

Colocar las mesas en forma simétrica permite numerarlas por decenas o centenas; primero se pone número a las filas de mesas teniendo siempre como punto de referencia la entrada principal del establecimiento, ya sea bar o restaurante, por lo que la primera mesa de la primera fila será la 11, la segunda mesa de la primera fila será la 12, y así sucesivamente, lo cual nos indica que las unidades son de acuerdo con el número de mesas en cada fila y las decenas corresponden al número de fila (fig. 3.6).

ASIGNACIÓN DE LUGARES EN LA MESA

Para numerar las sillas se toma como referencia una base, que puede ser la entrada del salón, y a la silla más cercana a ella; se le asigna el número 1 y la numeración continúa en el sentido de las manecillas del reloj. Las principales propuestas de asignación de lugares en la mesa, se deben a la Escuela Española y a la Escuela Suiza.

De acuerdo con Lambertine (1982) en la escuela española el correcto estilo de dirigir a los comensales a sus respectivos lugares es el siguiente:

1. Asignar primeramente el lugar del anfitrión. Se recomienda la parte central de la mesa si está acompañado de su esposa o pare-

---

[1]Para una información más extensa acerca de este tema se recomienda la lectura de las siguientes obras: *Las dimensiones humanas en los espacios interiores. Estándares antropométricos* de Julius Panero y Martin Zelnik (1987); *Manuales seccionales de capacitación de CANIRAC* de la Secretaría del Trabajo y Previsión Social (1985) y *Criterios básicos de diseño para establecimientos de alimentos y bebidas* de FONATUR (1983).

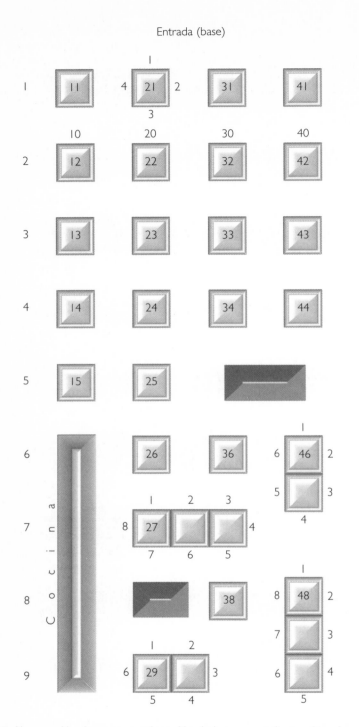

Entrada (base)

Figura 3.6. Numeración de mesas y asignación de lugares en el comedor y bar, de acuerdo con los *Manuales seccionales de capacitación de CANIRAC* (1986).

ja (fig. 3.7*a*). Se le asignará el extremo de la mesa cuando no se encuentre acompañado de ella (fig. 3.7*b*).
2. Asignar lugar a la pareja del anfitrión. Se pondrá al frente de éste.
3. Asignar lugares alternados a los invitados, caballero dama, hasta llenar los lugares deseados (la escuela suiza tiene esta base para todas sus asignaciones de lugares) (véase la fig. 3.8).

Asignación de lugares en banquetes oficiales

En estos eventos la secuencia es la siguiente:

1. Pedir la lista de los funcionarios que asisten a la reunión oficial y asignar el centro de la primera fila al de mayor rango.
2. Asignar el lugar situado enfrente de éste, al funcionario que le siga en rango.

A: Anfitrión
SA: Señora de anfitrión
S: Señora
C: Caballero

FUENTE: Leonie Lambertine, *Administración de bar, cafetería y restaurante*, CECSA, México, 1982, p. 154.

Figura 3.7. Asignación de lugares según la escuela española.

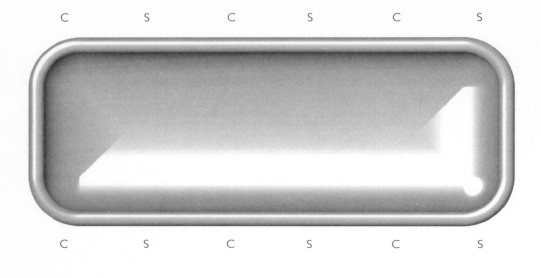

Fuente: Leonie Lambertine, *Administración de bar, cafetería y restaurante*, CECSA, México, 1982, p. 155.

Figura 3.8. Asignación de lugares según la escuela suiza.

3. Asignar el lugar inmediato a la derecha del número 1 al tercero en rango y así sucesivamente.
4. Continuar con la asignación de los lugares, siguiendo el orden tantas veces como funcionarios haya en la lista recibida (fig. 3.9).

Este orden puede adaptarse a cualquier festejo solicitado en un establecimiento de alimentos y bebidas, como a continuación se explica:

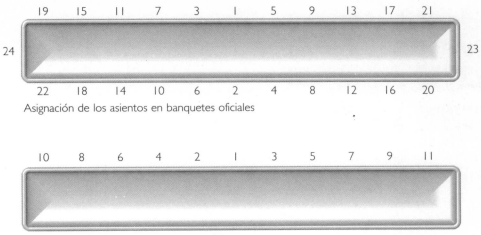

Asignación de los asientos en banquetes oficiales

Asignación de lugares en la mesa para reunión oficial

FUENTE: Leonie Lambertine, *Administración de bar, cafetería y restaurante*, CECSA, México, 1982, p. 141.

Figura 3.9

- Cuando se trate de reuniones particulares, asignar en primer término el lugar del anfitrión o anfitriones si son varios, luego al agasajado y después al resto del grupo.
- Cuando no hay anfitrión ni agasajado, asignar el primer lugar a la persona de más edad, y después a la más joven; asimismo, cuando sean reuniones de damas o caballeros.

Atención de los banquetes

En los banquetes, el servicio debe proporcionarse en el siguiente orden:

1. Comenzar el servicio con la persona que se encuentre sentada a la derecha del anfitrión.
2. Continuar el servicio de derecha a izquierda de los comensales.
3. Atender primero como seña de respeto, a cada una de las damas.
4. Continuar con el caballero sentado a la derecha de la pareja del anfitrión.
5. Servir al último al anfitrión, por razones de etiqueta social.

En la figura 3.10 se presentan tres esquemas de servicio atendido por dos meseros.[2]

[2] Leonie Lambertine, *Administración de bar, cafetería y restaurante*, CECSA, México, 1982.

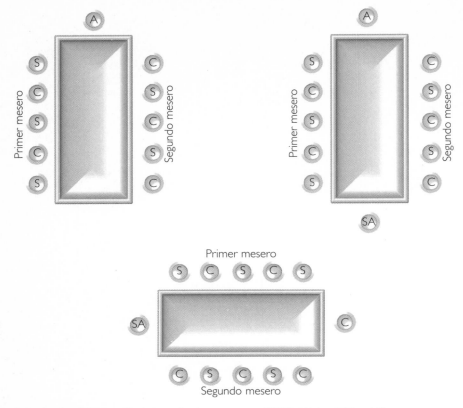

Fuente: Leonie Lambertine, *Administración de bar, cafetería y restaurante*, CECSA, México, 1982, p. 142.

Figura 3.10. Servicio atendido por dos meseros. Esquema de la preferencia en el servicio cuando es atendido por dos meseros.

ARREGLO DE MESAS

En los distintos tipos de servicio de alimentos y bebidas se debe arreglar la mesa adecuadamente y con todo lo necesario, ya sea para desayuno, comida, cena o refrigerio. Por tanto, en los siguientes apartados describimos los diferentes tipos de arreglo de mesa para tales ocasiones, sin olvidar:

1. Colocar las mesas simétricamente.
2. Montar de manera correcta el molletón o felpa (fig. 3.11).
3. Poner el mantel sobre el molletón verificando que llegue sólo a la orilla del asiento de la silla y que su doblez central quede arriba y en dirección al comensal (fig. 3.12).
4. Colocar un mantel de menor tamaño: *cubremantel* o *tapa*, que sirve para evitar el cambio total de la mantelería cuando ésta se ensucia (en caso de que así se acostumbre).

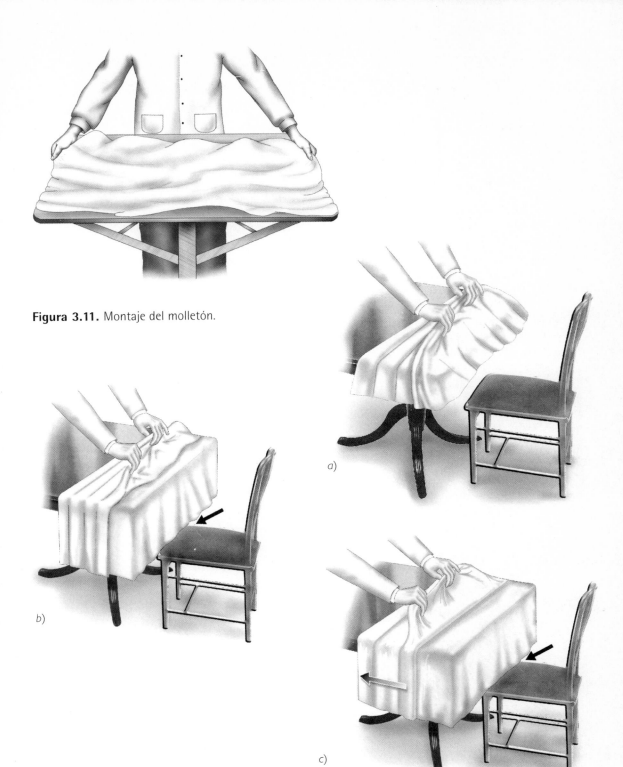

Figura 3.11. Montaje del molletón.

a)

b)

c)

Figura 3.12. Montaje de un mantel.

119

Arreglo de mesa para desayuno

Una vez colocada la mantelería, se procederá al montaje especial para desayuno de la siguiente manera:

1. Colocar el plato base a dos centímetros de la orilla de la mesa (fig. 3.13) conservando como mínimo 20 cm de distancia entre los platos base de cada comensal.
2. Del lado izquierdo superior del plato base, poner el plato para pan y, al lado de éste, un platito para mantequilla con su pala, cuya parte curva va hacia dentro del plato.
3. A la izquierda del plato base, colocar el tenedor con la parte cóncava hacia arriba (primero el de fruta y seguido el de mesa) (fig. 3.14).
4. Poner la cuchara para cereal del lado derecho del plato base, así como el cuchillo.
5. Al frente y al centro del plato base, colocar la copa o vaso para agua.
6. Al lado derecho de la copa o vaso para agua, colocar la taza y el plato para café con su cucharita; el asa de la taza debe apuntar hacia la derecha (fig. 3.14).
7. Sobre el plato base, poner la servilleta de tela.
8. En el centro de la mesa, poner el salero, el pimentero y la azucarera.
9. El cenicero se coloca a la derecha del salero, también se recomienda colocar un cenicero en cada esquina de la mesa.
10. Colocar el centro de la mesa (adorno, flores, etc.) (véase fig. 3.14).

Figura 3.13. Colocar el plato a dos centímetros de la orilla de la mesa.

Debe tenerse en cuenta que no es la única forma de arreglar la mesa para desayuno, ya que cada restaurante, conforme su menú y/o carta, así como comensal, puede usar el estilo que desee o crea más conveniente para su servicio. En la figura 3.15 se muestra el arreglo de mesa para un menú no definido, y que logra sacar de apuros a cualquier servicio deseado.

Figura 3.14. Arreglo de mesa con flores.

Figura 3.15. Arreglo de la mesa para menú no definido.

Arreglo de mesa para comida o cena

En este tipo de arreglo se siguen los mismos puntos señalados anteriormente, pero con las siguientes variaciones:

- Además de la copa para agua, al centro y al frente del plato base poner, al lado derecho de ésta, la copa para vino tinto y, al lado derecho de esta última, la copa para vino blanco.
- Colocar los tenedores del lado izquierdo del plato base de tal forma que los primeros que se vayan a usar queden hacia fuera.
- Poner en la misma forma, del lado derecho, los cuchillos.
- Colocar los cubiertos del postre en el lado superior del plato llano: el tenedor de postre con la punta hacia la derecha, y el cuchillo de postre con la punta hacia el lado izquierdo y con el filo hacia adentro, arriba del tenedor.

Este montaje se denomina de presentación, ya que posteriormente se traerá el equipo necesario para los platillos solicitados; normalmente se utiliza en el servicio a la carta.

En el montaje para un menú definido se colocan todos los cubiertos requeridos para consumir los alimentos del menú. Si el plato tiene logotipo o emblema, éste tendrá que estar centrado y al frente del comensal. En las figuras 3.16 a 3.19 se aprecian diferentes tipos de montaje para mesas.

Arreglo de mesa para cena y banquetes

En este tipo de eventos, es importante asegurarse de que todas las mesas y sillas estén limpias; de separar las sillas de las mesas para facilitar el montaje de las mesas y colocar la felpa o molletón sin arrugas; estirar el mantel

Figura 3.16. Arreglo de mesa para servicio de carne.

Figura 3.17. Mesa preparada para cena.

Figura 3.18. Mesa de comida a base de consomé, plato fuerte y café.

a)

b)

Figura 3.19. Mesas montadas para banquete.

123

c)

d)

e)

Figura 3.19. (*Continuación.*)

124

al colocarlo; acomodar el plato base a un dedo de distancia del borde de la mesa; poner una servilleta sobre el plato base, cuidando de conservar sus dobleces; colocar los tenedores del lado izquierdo del plato en orden de los tiempos de servicio "de afuera hacia adentro"; acomodar el tenedor para el postre en la parte superior del plato base; dejar la cucharita para café o té en la parte superior del plato base; poner cuchillo y tenedor para postre cuando en éste se sirvan frutas; colocar el plato de pan a la izquierda superior del plato base, arriba de los tenedores, con su cuchillo de mantequilla; verificar que las copas para vino y agua estén del lado derecho superior del plato base, y el cenicero del lado izquierdo si la mesa se ubica en la zona de fumar, en caso contrario deberá omitirse. Finalmente, hay que acomodar las sillas nuevamente en su lugar frente a cada cubierto montado.

RECOMENDACIONES ESPECIALES

En el montaje de las mesas, deberán tomarse en cuenta, algunos detalles de servicio y comodidad, como:

- Colocar los cubiertos a un dedo (mínimo) de distancia del borde de la mesa.
- Las copas para vino pueden acomodarse en la parte superior del plato base, por estética o simple decoración, en forma diagonal, recta o triangular.
- Es aconsejable colocar la servilleta, cuando ésta es de tela, sobre el plato base y cuando es de papel, al lado derecho del plato base debajo de la cuchara y el cuchillo.
- Poner algún detalle decorativo al centro de la mesa.
- Todo cubierto montado en la mesa deberá tener la simetría apropiada.

BANQUETES Y EVENTOS ESPECIALES

Banquetes

El término banquete se emplea para cubrir el servicio de reuniones especiales en un establecimiento –separados del servicio normal– los cuales se realizan en los restaurantes o salones destinados para ello. Aquí se incluyen comidas, cocteles, bodas, cenas baile, etcétera.

De acuerdo con Reynoso (1989), los puntos que deben conocerse para llevar a cabo un buen banquete, son:

1. Tipo de reunión.
2. Fecha.
3. Hora.
4. Número total de cubiertos (con 24 horas de anticipación).

5. Menú seleccionado, con método de servicio.
6. Vinos: incluidos, descorche, etcétera.
7. Tipo de organización (música, conjunto, etc.).
8. Planeación de la mesa.
9. Costo por cubierto.

Después de esto deben decidirse los detalles finales:

1. Persona que hará el brindis (maestro de ceremonia).
2. Tarjetas para asignar mesas y lugares.
3. Planeación de la forma en que se sentarán los invitados.
4. Tipo de menú, para impresión.
5. Información especializada: vegetarianos, enfermos, forma de cortar el pastel, etcétera.

El tipo de planeación de las mesas depende primordialmente de determinados factores:

1. Los deseos del organizador.
2. Naturaleza de la reunión.
3. Tamaño y forma del salón.
4. Número de cubiertos.

Existen diferentes tipos de montaje de mesas, ya sea para reunión pequeña o grande. Cuando se acomodan en forma de U, la parte central difícilmente se ocupa, pero en caso de ser requerido, se acomodan las sillas mirando hacia el frente y en sus dos lados laterales, de acuerdo con el gusto de los anfitriones, ya sea dando al frente exclusivamente, o de los dos lados (fig. 3.20).

Es importante evitar que los comensales den la espalda a la mesa principal. En las figuras 3.21 y 3.22 se muestran formas diferentes de acomodar las mesas.

Figura 3.20. Disposición de mesas en forma de U.

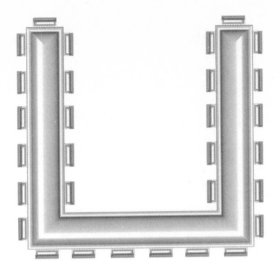

Mesa en forma de U

Mesa rectangular

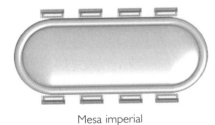

Mesa imperial

Figura 3.21

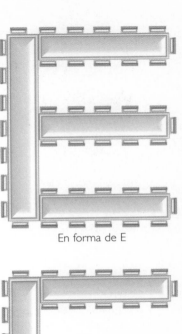

En forma de E

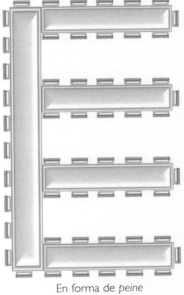

En forma de *peine*

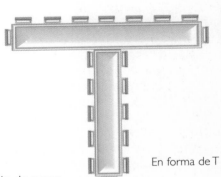

En forma de T

Figura 3.22. Disposición de mesas.

Las mesas para banquetes pueden ser rectangulares, cuadradas o redondas, y su mecanismo, acomodo y forma de servicio deberá darse a conocer por el capitán responsable del evento.

Eventos especiales

Para los eventos especiales y banquetes en general debe considerarse el espacio mínimo entre mesas, que deberá ser de 2 m. Esto se mide con el ancho de dos sillas: de la orilla de cada mesa al respaldo de cada silla más un pasillo de un metro, lo cual permite que haya un espacio vacío para la circulación de los meseros (Lillicrap, 1982).

Para lograr una adecuada planeación deben considerarse, los siguientes aspectos:

1. Un espacio de 2 m entre mesa y mesa.
2. El ancho de la mesa (tablones) es aproximadamente de 75 cm.
3. El espacio cubierto debe ser de 50 a 60 cm.
4. El espacio de la pared a la orilla de la mesa debe medir por lo menos 1.40 m, incluyendo el ancho de la silla.
5. Por lo general, el largo de los tablones es de 2 a 2.40 m, aunque se pueden usar de 1.20 y 1.50 m; de esta manera se adopta el largo deseado.
6. Las mesas redondas pueden ser de 1, 1.5 o 2 m de diámetro con las extensiones adecuadas.

En reuniones donde todas las personas estén sentadas, el área sugerida por persona será de aproximadamente 1.25 m^2, y para buffets será de 90 cm^2 a 1 m^2.

Planeación

Es indispensable saber el número exacto de personas que asistirán a un evento, en especial de cuántas estarán en la mesa principal, al menos 24 horas antes. Para llevar a cabo una buena planeación, siempre se cuida tener de cinco a 10 cubiertos extra en caso de emergencia. Los lugares se asignan enumerando las mesas para su servicio. Cuando se estructure la planeación de las mesas hay que evitar, siempre que sea posible, sentar a los invitados con la espalda hacia la mesa principal.

La planeación determinará el desarrollo exitoso de cualquier evento, por lo cual es muy importante que todos los involucrados en el desempeño del mismo tengan sus actividades bien definidas. Esto se logra gracias a la lista de instrucciones para el personal; ésta tiene como objetivo asegurarse que todas las tareas sean cubiertas de forma eficiente.

Un concepto muy importante dentro de la planeación es la *mise en place*. Este término indica "tener todo listo", y en su lugar antes de la hora señalada para el servicio o la apertura de un restaurante, bar o centro de consumo. En el medio es conocido como la *talacha* necesaria antes de iniciar el servicio. La realizan los ayudantes, aprendices o personal señalado para que en la apertura o mayor afluencia de clientes en el estacionamiento, se tenga todo listo para dar el mejor servicio. Quizá sea la *mise en place* la función más importante que debe realizarse, ya que de esto depende el buen o mal servicio que el cliente recibirá. La experiencia demuestra que sin esta función, difícilmente pueden recogerse buenos frutos. La *mise en place* tiene dos partes completamente definidas e independientes: una ejecutiva y otra supervisora.

Ejecutiva. Se considera como la parte mecánica y la realizan por los ayudantes o aprendices.

Supervisora. El capitán, barman o encargado del restaurante tiene la obligación de revisar y corregir, si fuera necesario, todo lo que ha efectuado el personal designado. Pero no sólo revisará esto, sino todo lo referente a mobiliario, luces, adornos, etc., para evitar las posibles fallas técnicas que pudiera haber y ordenar corregirlas antes de comenzar el servicio. Del cuidado que se observe al efectuar esta fase, dependerá en gran parte el éxito a la hora de trabajo.

A continuación se muestra un ejemplo propuesto por Lillicrap (1982), de este tipo de planeación:

Reunión de 150 cubiertos

Distribución del personal necesario para dar el servicio:

- 15 meseros de alimentos se encargarán de 10 cubiertos cada uno.
- 7 capitanes se encargarán de 22 cubiertos cada uno, aproximadamente.
- 1 mesero en jefe de banquete o un ayudante del administrador.
- 3 encargados de lavado.

Planeación de las mesas:

- Una mesa principal.
- 14 mesas redondas.

Mise en place. Para ello se involucran todos los empleados que formarán parte del mismo de la siguiente manera:

a) Meseros (15):

- 1 a 5: Arreglo de las mesas.
- 6 y 7: Arreglo de convoyes (objetos con varias divisiones para llevar a la mesa salsas, especias u otros condimentos).
- 8 y 9: Mantelería y colocación de la misma.

- 10 y 11: Limpieza de la vajilla y abastecimiento de las alacenas de servicio para objetos calientes.
- 12 y 13: Aparadores, estaciones o mesas de servicio (vajilla de plata para el servicio, etc.).
- 14 y 15: Limpieza en general.

b) Sommeliers y/o capitanes:

- Limpieza de los vasos, hieleras y ceniceros.
- Instalación de un bar abierto para la recepción.

c) Generalidades. Es importante verificar que haya:

- Una estación de servicio de sopa por cada dos meseros.
- Suficientes ceniceros.
- Un convoy y un cenicero por cada tres cubiertos en la mesa principal.
- Un convoy y un cenicero por cada cinco cubiertos en las demás mesas.

d) Maestro de ceremonias: por lo general debe llegar 30 minutos antes de comenzar la recepción. Debe revisar con el organizador los detalles necesarios referentes a la reunión y lo que se va a proporcionar con el servicio.

e) Distribución de las estaciones: cuando se ha realizado el *mise en place*, el personal se reúne y se asignan las estaciones para los meseros y los meseros de vinos. Al designar la estación para la mesa principal, debe tomarse en cuenta a los miembros de la brigada con mayor experiencia y más eficientes, debe considerarse la edad y la agilidad del personal y darle a los miembros de la brigada de mayor edad las estaciones más cercanas de las puertas de servicio.

Cuando los meseros se forman frente a la alacena para objetos calientes, deben hacerlo en forma ordenada; el mesero de la mesa principal va a la cabeza y después los otros meseros de acuerdo con la distancia a la que esté su estación de la alacena para objetos calientes. Este orden debe ser el mismo durante todo el servicio. Después de servir cada entrada, la brigada deberá permanecer fuera del salón para banquetes y estar lista para recoger los platos y servir la siguiente entrada.

De esta manera, consideramos que el éxito de un evento determinado puede lograrse con una buena planeación siempre que se tenga el personal adecuado y la capacidad para realizarlo.

TIPOS DE SERVICIO

El servicio de una comida puede llevarse a cabo de muchas maneras dependiendo de factores como los siguientes:

a) El tipo de establecimiento.
b) El tipo de clientes.
c) El tiempo disponible para la comida.
d) La cantidad esperada de clientes.
e) El tipo de menú presentado.
f) El costo de la comida servida.
g) La localización del establecimiento.

No siempre se determina el estilo de servicio por el tipo de establecimiento. El estilo de servicio da el toque ambiental al restaurante. Un servicio de lujo es más elegante; puede encontrarse en el restaurante formal de un hotel de lujo o en un restaurante de última moda.

Un establecimiento puede ofrecer solamente un tipo de servicio de alimentos según la demanda. Sin embargo, la tendencia actual parece enfocarse hacia los restaurantes múltiples con diversas formas de servicio de alimentos (botanas, cerveza, sándwiches, empanadas, jerez, vinos, con servicio de meseros o sin ellos, con menú o a la carta o ambos, etc.). Muchos establecimientos de alimentos y bebidas brindan más de una forma de servicio: como servicio de barra, donde la afluencia de clientes es alta en un periodo limitado y donde es necesario tener muchos cubiertos; servicio de meseros en el comedor para ejecutivos o para gente que dispone de más tiempo, etcétera.

Existen tres principales tipos de servicio en restaurantes (Reynoso, 1989), aunque hay más, poco conocidos o utilizados. Aquí se mencionarán los que se utilizan para ocasiones y/o eventos especiales, que son: el francés, ruso y americano, también el inglés, autoservicio buffet, y japonés.

SERVICIO FRANCÉS

Este servicio significa lujo, excelencia; y se ofrece sólo en restaurantes de lujo o en los conocidos como de cinco tenedores. La comida se lleva a la mesa en platones de plata (viandas) adornados cuidadosamente. Se muestra primero al comensal la fuente completa y después se le permite que por sí mismo se sirva lo que desee comer de los platillos ofrecidos.

Este tipo de servicio requiere de gran conocimiento por parte del mesero, capitán o maître, ya que deben ser muy atentos en el servicio y tener experiencia en la elaboración de ensaladas frente al comensal. Aquí se ocupa mucho el gueridón para elaborar platillos flameantes delante del comensal.

La comida debe estar bien presentada con la variedad de cubiertos, copas y loza requerida para este servicio de lujo. El precio o bien la cuenta (*cover charge*) debe considerarse con gran cautela.

Según los *Manuales seccionales de capacitación de CANIRAC* (1985), el servicio francés es también conocido como servicio europeo y su secuencia es la siguiente:

- Se trae la fuente de la cocina sosteniéndola con la mano izquierda.
- Cuando son platillos calientes, se coloca una servilleta sobre la palma de su mano, para protegerla.

- Presenta la fuente por el lado izquierdo del comensal inclinando un poco el cuerpo para que la fuente quede casi al mismo nivel de la mesa, mientras el comensal se sirve.
- Después de que el comensal se ha servido, se acomodan los cubiertos del servicio en forma paralela.
- Para el servicio de una sopa, se aproximará por el lado izquierdo del comensal y él mismo la "cucharea" al plato; cuando se sirve consomé, se presenta ya servido en un tazón individual y lo coloca por el lado izquierdo del comensal.
- Los postres se sirven en forma individual generalmente.

OBSERVACIONES: Este servicio se aplica en algunos restaurantes de lujo, pero no es adecuado para banquetes, porque es difícil el control de raciones o porciones delimitadas y es muy lento.

SERVICIO A LA RUSA

Los platillos se presentan en fuentes desde la cocina, listos para servirse y se cucharean por el lado izquierdo directamente de la fuente al plato. Una variante de este servicio, que semeja al servicio francés, consiste en que las aves y los pescados se muestran al comensal antes de cortarlos, pero el mesero se encarga de servirlos. Los platos sucios (muertos) se retiran por el lado derecho. Este servicio es propio para banquetes, bodas y eventos especiales.

Los alimentos se traen de la cocina en porciones en las fuentes de servicio, y se sirve al comensal lo que éste desee, y lo presenta a cada persona por el lado izquierdo sirviendo con la mano derecha la porción que le corresponde, usando pinzas o cuchara y tenedor de servicio para colocar la ración en el plato individual (a esta actividad se le llama *cuchareo*). Este servicio requiere de personal capacitado en el mismo (fig. 3.23).

SERVICIO AMERICANO

Se dice que es el servicio más utilizado en la mayoría de restaurantes, porque los platillos se *emplatan* (sirven) desde la cocina con la porción individual para cada comensal logrando uniformidad. Los platillos se presentan por el lado izquierdo y los cubiertos sucios o "muertos" los retira con la mano derecha por el lado derecho del cliente. Las bebidas se sirven con la mano derecha y por el lado derecho del comensal; por lo cómodo y lo práctico de este servicio puede adaptarse a banquetes de todo tipo (fig. 3.24).

OBSERVACIONES: Este servicio es el más aplicado en nuestro país, es rápido y permite llevar un completo control de raciones/porciones, ya que se concentran emplatados en la cocina. Para este servicio se requiere gran habilidad manual y rapidez.

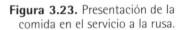
Figura 3.23. Presentación de la comida en el servicio a la rusa.

Figura 3.24. Servicio americano.

SERVICIO INGLÉS

Este servicio se caracteriza porque el anfitrión es quien se encarga de porcionar y servir a los comensales.

Las fuentes se presentan al anfitrión, que por lo regular ocupa la cabecera y se encarga de servir cada porción a los comensales, cuando el número de éstos es reducido ya que con una mayor cantidad de personas los alimentos se enfriarían mientras se racionan y sirven. Se toma la fuente adornada previamente por el jefe de cocina. Se coloca el plato por el lado derecho para que el anfitrión lo sirva, posteriormente se acomoda el platillo por el lado izquierdo de los comensales, empezando este servicio por la primera persona que se encuentre colocada al lado derecho del anfitrión y así sucesivamente seguir avanzando en sentido contrario a las manecillas del reloj, hasta terminar con el anfitrión, quien es el último que se sirve.

AUTOSERVICIO

El mismo comensal toma una charola y se va sirviendo o pidiendo lo que le agrade de los platillos expuestos en una barra de servicio. Se aplica en escuelas, comedores industriales, terminales de autobuses, hospitales, etc. Es un servicio muy rápido y ofrece varias opciones de platillos a elegir.

SERVICIO BUFFET

En este servicio se dispone una extensa variedad de platillos (en fuentes) sobre una mesa muy bien decorada y presentada; generalmente los diferentes platillos van acomodados en diferentes mesas, para que el comensal se sirva lo que desee. Este tipo de servicio se utiliza con frecuencia en banquetes porque es adecuado para atender un gran número de personas. Cuando el buffet es contratado por una empresa, la cocina elaborará los platillos seleccionados y la cantidad suficiente para ofrecer este servicio.

Primero se colocan los entremeses, ordenado de acuerdo con su sabor, de los más suaves a los más fuertes: frutas, legumbres, mariscos, carnes frías y quesos.

Después se ponen los platillos principales, ordenándolos de las texturas más suaves a las más firmes: mariscos, pescados, aves, caza de pluma, carnes blancas, res, carnero, carnes rojas y caza de pelo.

En tercer lugar se disponen las ensaladas y las legumbres, en seguida del plato principal.

Los postres se colocan al final de la mesa o en una mesa especial llamada isla, con el orden siguiente: fruta fresca, compotas de fruta, gelatinas, nieves o sorbetes, helados, flanes, pastelería y quesos fuertes.

Detrás de la mesa se encuentra el personal para auxiliar en el servicio: para trinchar, cortar carnes, servir platillos difíciles, cuidar la temperatura adecuada de los platillos y retirar los platones vacíos y reponerlos por nuevos (figs 3.25 a 3.33).

En algunos lugares se proporciona una contraseña, misma que se verifica cuando entran las personas al salón comedor.

Este tipo de buffet existe generalmente en hoteles cuando el número de comensales es extenso, ya que permite una atención rápida. En este servicio el cobro se hace por anticipado a cada persona que entra en el salón comedor y se utilizan las mesas ya montadas, por lo que el mesero únicamente sirve café, pan, té o agua cuando se le solicita. Si se hace un pedido extra en el buffet, deberá ser controlado por medio de una comanda y nota de venta.

SERVICIO JAPONÉS

Se caracteriza por ser una cocina poco condimentada y terminar la cocción de los alimentos a la vista del comensal en las planchas conocidas como *mesas tepanyaqui*.

Figura 3.25. Montaje de buffet.

Figura 3.26. Servicio de huevos al gusto.

Figura 3.27. Isla de jugos.

135

Figura 3.28. Isla de cereales.

Figura 3.29. Isla de carnes frías y quesos.

Figura 3.30. Área de servicio de frutas.

Figura 3.31. Área de carnes (servicio al gusto del comensal).

Figura 3.32. Servicio de carne.

Figura 3.33. Isla de salsas, aderezos y guarniciones.

Secuencia del servicio

1. El chef especialista toma de la cocina principal las porciones en crudo ordenadas por el cliente.
2. Para elaborar el platillo se llevan a la plancha, en una charola de servicio, las porciones con los utensilios y condimentos necesarios donde los comensales esperan observar lo que el chef especialista preparará.
3. Se saluda a los comensales, se hace una presentación oficial, se enciende la plancha y se verifica la comanda con los comensales, en especial los términos de cocción de las carnes y verduras.
4. Durante la elaboración de los alimentos, el chef especialista demuestra su destreza, gran dominio de los utensilios y cuchillos que han de utilizarse con una pequeña exhibición artística de sus habilidades.
5. El chef sirve los alimentos al cliente, así como los aderezos y salsas que acompañan lo preparado, con una breve explicación de las mismas.
6. El chef termina su compromiso cuando los comensales demuestran estar satisfechos con la sazón y cocción de los platillos. En ese momento se despide y los deja degustando de sus alimentos.
7. El mesero responsable de la mesa sirve por el lado derecho del comensal, independientemente de que se encuentre el chef o no.
8. Los cubiertos sucios o "muertos", los retira por el lado derecho del comensal.

OBSERVACIONES: Con la demostración de habilidades y destrezas de los responsables de la preparación de los alimentos a la vista del comensal, este servicio ha sido muy exitoso. Se recomienda por cada mesa tepanyaqui un número reducido de comensales.

Existen muchas formas de servicio y a su vez cada una tiene diversas variaciones que pueden adaptarse para satisfacer las demandas de una situación especial.

SERVICIO Y DESMONTAJE DE MESAS

El procedimiento de atención y montaje de mesas de un establecimiento depende del estilo de servicio que se adopte. La atención correspondiente a cada tipo de servicio ya se especificó en la sección anterior.

Es muy importante que el mesero esté atento en el servicio de cada mesa bajo su responsabilidad, para, en su momento, retirar el equipo utilizado (muerto) por el comensal; por ningún motivo permita que éste se acumule. Debe utilizar una charola con su respectiva tijera, donde se irán colocando los vasos y copas utilizados para transportarlos después al área de lavado.

El servicio

Servicio es lo que el cliente desea y espera recibir sin limitaciones: un saludo, atención y cordialidad en el trato. Es la adecuada combinación del servicio tangible (bebidas, comida, decoración, etc., lo que se puede ver, tocar, oír, degustar) y el servicio intangible (atención, sonrisa, amabilidad, cortesía, etc.).

En algunos restaurantes y bares, al capitán le corresponde recibir a la clientela. Esto debe hacerse con gran cortesía, la cual consiste en retirar la silla para que el cliente tome asiento, primero con las damas, salvo que el caballero muestre la intención de hacerlo, en cuyo caso será el capitán o mesero quien haga la cortesía al propio caballero.

Desmontaje de mesas

Cuando la mesa ha sido desocupada, se procede a retirar con la mano derecha el equipo utilizado. Pueden llevarse los platos sobre el brazo, teniendo cuidado de que no sean muchos para que no ocurra un accidente, u ocupar la charola para acomodar la loza, cubiertos y cristalería sucios y transportarlos al lugar de lavado (fig. 3.34).

El mantel se limpia de migas y basura, con el cepillo o servilleta y el bote, plato o charola, designados para ello. Es importante limpiar el mantel antes de quitarlo, para que las migas no caigan al piso; en caso necesario debe cambiarse.

La mantelería y las felpas sucias se llevan al cesto de lencería. Se limpian las sillas y la mesa y ésta se vuelve a montar en forma adecuada para utilizarse posteriormente.

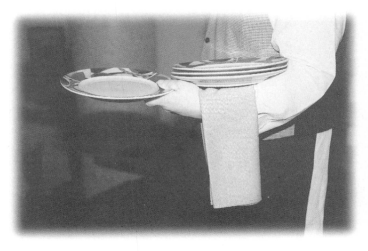

a)

Figura 3.34. Retiro de la loza sucia.

b)

Figura 3.34. (*Continuación.*)

EL MENÚ

El *menú* se define como una lista de platillos que se preparan y sirven en un establecimiento de alimentos y bebidas. Es simplemente una relación de los diferentes platillos que pueden prepararse en un restaurante.

ORIGEN

Desde un pasado lejano (Lillicrap, 1982), la lista de platillos, en inglés llamada *bill of fare,* en español *minuta,* o en francés *menú,* no se presentaba en la mesa. El banquete consistía de sólo dos entradas: cada una contenía una gran variedad de platillos, de 10 a 40, los cuales se colocaban en la mesa antes de que entraran los comensales (de ahí la palabra *entreé*). Cuando los platos se terminaban, se retiraban y se remplazaban por otros 10 a 40 platillos (de ahí las palabras *relevés* y *removes,* que significan cambio de platos durante la comida).

En 1541, el duque Henry de Brunswick se encontraba revisando un papel. Cuando se le preguntó qué estaba viendo, contestó que era una lista de los platillos y que mediante la misma podía observar cuáles vendrían después y de esta manera reservar su apetito de acuerdo con dicha lista. Así, podemos suponer, se creó el menú para esa clase de eventos.

La lista de platillos era muy larga y se colocaba en el extremo de la mesa para que todos pudieran verla. Con el paso del tiempo, el menú se volvió más corto y una cantidad específica de copias se colocó en cada mesa. El menú puede ser sencillo o artístico según el tipo de establecimiento y la ocasión (Lillicrap, 1982).

El menú es la parte más importante de cualquier establecimiento de alimentos y bebidas, y su elaboración se considera un arte, que se adquiere sólo con la experiencia y el estudio. Debe ser elaborado por personas que tengan relación con cada una de las actividades en el restaurante, es decir, el chef, maître-capitán y gerente, con la finalidad de que esté bien balanceado y apetitoso.

CLASES DE MENÚ

En la actualidad pueden observarse diferentes formas, modelos y tamaños de menús según las reuniones y los establecimientos de acuerdo con las horas de servicio de cada restaurante; existen dos clases básicas de menú: comida corrida (conocido como menú) y a la carta (Manuales seccionales de capacitación de CANIRAC, 1985), pero también hay menús cíclicos y especiales. Las características de cada uno son las siguientes:

Menú de comida corrida

Este tipo de menú puede ofrecerse junto con un menú a la carta (cuando se permite elegir un platillo de la carta) o un menú del día; es la forma más popular y sencilla, ya que es fácil de controlar, aparte de que disminuye el desperdicio de alimentos. El precio establecido de un menú de comida corrida se cobra ya sea que éste se consuma o no totalmente. Presenta las siguientes características:

- Tiene un número fijo de entradas.
- Existe una selección dentro de cada entrada.
- El precio es fijo.
- Todos los platillos están listos a una hora determinada (previa preparación).

En las figuras 4.1 y 4.2 se presentan ejemplos de este tipo de menú.

Menú a la carta

Los platillos del menú a la carta pueden variar de acuerdo con la temporada de los productos (ostiones, melón, espárragos, carne de caza, chiles en nogada, etc.) y cada uno tendrá un precio individual.

Otra forma de menú a la carta es el plato, la sugerencia del día o la especialidad del día, cada uno con su precio individual y se pueden ir alternando día a día (véanse figs. 4.3 y 4.4). Tiene las siguientes características:

- Presenta la lista completa de todos los platillos que ofrece un establecimiento.
- Cada platillo tiene un precio individual y un tiempo determinado de elaboración.
- Se cocina a contraorden (pidiendo-haciendo).

Menú del día

Sopa juliana
Consomé de cordero

Coliflor gratinada
Centro de merluza a la bretona
Chuleta de cerdo a la hawaiana
$ 150.00

Papas al vapor
Ensalada de espinacas
Pavo Cordon Blue
$ 140.00

Soufflé de papas
Corazón de alcachofa
Estofado de ternera
$ 160.00

Fruta de temporada
Surtido de quesos
Helado napolitano

Nota: El precio del menú completo es el del plato principal elegido.

Figura 4.1

MENÚ DEL DÍA

Consomé de pollo o sopa de fideos

Arroz o espagueti

Carne asada
Chiles rellenos

Pastel de zanahoria
Café o the

$25.00

Figura 4.2

 REAL HOTELES

DESAYUNOS

Favor de colgar por fuera, en la puerta
antes de las 3:00 a.m.

JUGOS

			FRUTAS	
o Naranja	$ 24.00		o Papaya	$ 33.00
o Toronja	$ 24.00		o Melón	$ 33.00
o Tomate	$ 24.00		o Piña	$ 33.00
o Piña	$ 24.00		o Mixta	$ 33.00

PLATOS PRINCIPALES

Dos Huevos		Tortilla de Tres Huevos	
o Fritos	$ 48.00	o Con jamón	$ 52.00
o Revueltos	$ 48.00	o Con Tocino	$ 52.00
o Tibios	$ 48.00	o Con Salchicha	$ 52.00
o con Jamón o con Tocino o con Salchicha			$ 50.00

PLATOS MEXICANOS

o Enchiladas al Gusto	$ 56.00
o Chilaquiles con Pollo	$ 54.00
o Puntas a la Mexicana	$ 102.00
o Machaca con Huevo	$ 56.00

HOT CAKES

		WAFFLES	
o Con Miel	$ 43.00	o Con Tocino	$ 47.00
o Con Jarabe	$ 43.00	o Con Salchicha	$ 47.00
		o Con Jamón	$ 47.00

CEREAL

Corn Flakes		Avena	
o Con Leche	$ 33.00	o Con Leche	$ 33.00
o Con Plátano	$ 36.00	o Con Crema	$ 33.00

BEBIDAS

o Café	$ 19.00	o Chocolate	$ 21.00
o Té	$ 14.00	o Leche Fría	$ 18.00
o con Leche	$ 20.00		

CESTA DE PAN

		PERIÓDICOS
o Bisquets (4)	$ 26.00	o Periódico en español
o Croissants (4)	$ 26.00	o Periódico en inglés
o Tostadas (4)	$ 26.00	(no antes de las 8:00 A.M.)

Nombre...

Cuarto......................Núm. de personas...................

Hora deseada para su servicio...............................

FIRMA
Ext. 155

Figura 4.3. Menú de desayuno
de servicio al cuarto.

Menú

Entradas

Coctel de camarones	$
Coctel de ostras	$
Coctel de frutas	$
Coctel de langostas	$
Coctel de cangrejo fresco (especialidad)	$
Caracoles a la provenzal	$
Medio aguacate con cangrejo	$
Melón con prosciutto o al oporto	$
Tomate relleno y espárrago (especialidad)	$

Sopas

Crema de espárragos	$
Crema de champiñones	$
Crema de pollo	$
Crema de tomate	$
Consomé al jerez	$
Consomé simple	$
Consomé con huevo	$
Sopa de cebolla a la francesa	$
Moules a la mariniere (especialidad)	$

Huevos

Fritos estilo mexicano	$
Fritos o revueltos con jamón	$
Omelette a la francesa con espárragos	$
Omelette a la española con papas	$

Pastas

Ravioles de carne	$
Espagueti a la bolognesa	$
Lasagna Piccola	$
Canelloni Rossini	$

Figura 4.4. Modelo de una carta para restaurante.

145

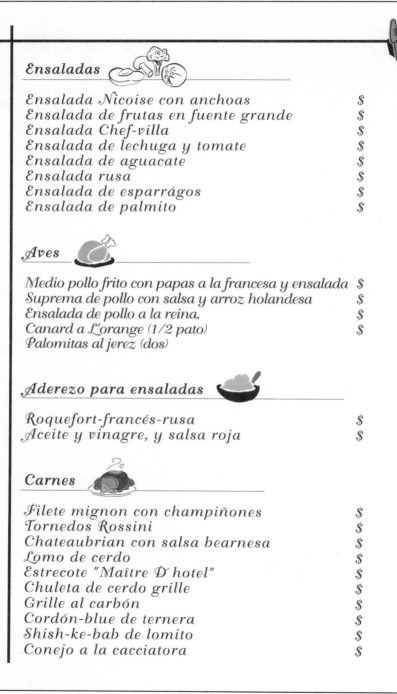

Ensaladas

Ensalada Nicoise con anchoas	$
Ensalada de frutas en fuente grande	$
Ensalada Chef-villa	$
Ensalada de lechuga y tomate	$
Ensalada de aguacate	$
Ensalada rusa	$
Ensalada de esparrágos	$
Ensalada de palmito	$

Aves

Medio pollo frito con papas a la francesa y ensalada	$
Suprema de pollo con salsa y arroz holandesa	$
Ensalada de pollo a la reina.	$
Canard a L'orange (1/2 pato)	$
Palomitas al jerez (dos)	

Aderezo para ensaladas

Roquefort-francés-rusa	$
Aceite y vinagre, y salsa roja	$

Carnes

Filete mignon con champiñones	$
Tornedos Rossini	$
Chateaubrian con salsa bearnesa	$
Lomo de cerdo	$
Estrecote "Maître D' hotel"	$
Chuleta de cerdo grille	$
Grille al carbón	$
Cordón-blue de ternera	$
Shish-ke-bab de lomito	$
Conejo a la cacciatora	$

Figura 4.4. (*Continuación.*)

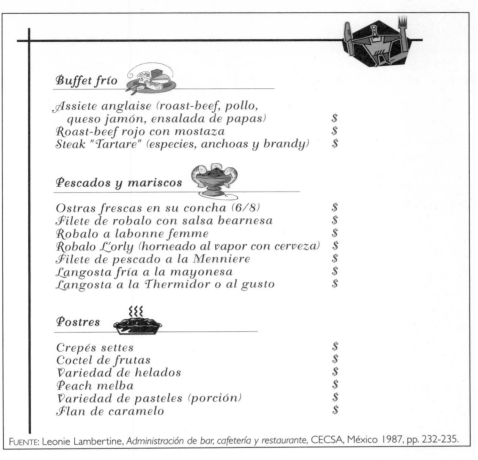

Buffet frío

Assiete anglaise (roast-beef, pollo, queso jamón, ensalada de papas)	$
Roast-beef rojo con mostaza	$
Steak "Tartare" (especies, anchoas y brandy)	$

Pescados y mariscos

Ostras frescas en su concha (6/8)	$
Filete de robalo con salsa bearnesa	$
Robalo a labonne femme	$
Robalo L'orly (horneado al vapor con cerveza)	$
Filete de pescado a la Menniere	$
Langosta fría a la mayonesa	$
Langosta a la Thermidor o al gusto	$

Postres

Crepés settes	$
Coctel de frutas	$
Variedad de helados	$
Peach melba	$
Variedad de pasteles (porción)	$
Flan de caramelo	$

FUENTE: Leonie Lambertine, *Administración de bar, cafetería y restaurante*, CECSA, México 1987, pp. 232-235.

Figura 4.4. (*Continuación.*)

MENÚ CÍCLICO

Favorece a los consumidores cautivos ya que se programa el platillo base de tal forma que no se repita hasta que inicie nuevamente el ciclo programado. Pueden ser ciclos de una semana, un mes, trimestral, semestral o anual. Este tipo de menú tiene la ventaja de mantener los costos fijos con gran control y evita mermas y desperdicios.

MENÚ ESPECIAL

Se elabora para eventos especiales tales como bodas, quince años, primeras comuniones, bautizos, etc. Cuenta con las diferentes opciones de tiempos (menú de 2, 3 o 4 tiempos) que se compone al gusto y preferencia del consumidor o cliente. En estos casos se cobra por persona.

Aspectos básicos en la
elaboración de un menú

Hay varios puntos que deben tomarse en cuenta al elaborar un menú (Reynoso, 1989); algunos de los más importantes son:

1. Tipo

    a) El tipo de comida requerida.
    b) El tipo de cocina y personal con que se cuenta en relación con el equipo y la destreza del personal.
    c) El tipo de área de servicio de alimentos y su capacidad en relación con la loza, cristalería y plaqué, el uso del personal y el número de entradas que se servirán.

2. Provisiones

    a) Provisiones de estación.
    b) Disponibilidad local de las provisiones.

3. Balance

    a) De ligero a pesado, y nuevamente ligero.
    b) Variar la secuencia de preparación de cada entrada.
    c) Cambiar el aderezo, sabor y presentación.
    d) Asegurarse de que los aderezos estén en armonía con los platillos principales.

4. Valor alimenticio

    a) Usar productos y métodos de preparación de alimentos que conserven las propiedades nutritivas naturales de las materias primas.

5. Color

    a) Evitar la discordancia de colores, así como las repeticiones.

6. Idioma

    a) El menú debe escribirse en español y/o idioma inglés (si su categoría lo requiere) para que los clientes puedan comprenderlo con facilidad; esto quiere decir que se eviten términos no comunes o desconocidos para la clientela que se espera tener.
    b) Asegurarse de que tenga una buena ortografía, del uso de términos correctos y de que la secuencia de las entradas sea apropiada.

Entradas de un menú a la carta

El número de entradas de un menú a la carta y los platillos de cada entrada dependen del tamaño y clase del establecimiento, así como de su categoría. Las entradas y/o secciones del menú pueden dividirse de la siguiente manera:

a) Entremeses.
b) Consomé, sopas o cremas.
c) Pastas o huevos.
d) Pescados y/o mariscos.
e) Aves.
f) Carnes rojas (a la parrilla/asadas).
g) Especialidades.
h) Ensaladas (buffet frío: quesos y carnes frías).
i) Postres.
j) Café o té.

Otros restaurantes presentan su carta de la manera siguiente:

a) Entradas.
b) Sopas.
c) Huevos.
d) Pastas.
e) Ensaladas.
f) Aves.
g) Aderezo para ensaladas.
h) Carnes.
i) Buffet frío.
j) Pescados y mariscos.
k) Postres.
l) Café/té.

La figura 4.5 muestra un ejemplo tomado del *Manual de capacitación para el capitán de comedor de CANIRAC* (1985).

Tiempos aproximados de espera para los platillos de un menú a la carta

De acuerdo con Eschbach (1989) los tiempos de espera para los platillos de un menú a la carta son los siguientes:

• Entremeses: 10 min.
• Sopas: 5 min.
• Huevos: 10 min.

CANIRAC

Entremeses:
Paté de la casa
Coctel de camarón
Coctel de aguacate

Consomés, sopas o cremas:
Consomé de la casa
Sopa de tortilla
Crema de espárragos

Pastas:
Espagueti a la bolognesa
Fetuchini

Pescados y mariscos:
Brocheta de camarones
Filete de huachinango

Aves:
Pechuga de pollo a la parmesana
Pollo al cordon blue

Carnes rojas:
Sábana al chipotle
Chuleta de cerdo a la hawaiana
Filete mignon

Especialidades:
Enchiladas suizas
Carne asada a la tampiqueña
Puntas de filete a la mexicana

Ensaladas:
Ensalada del chef
Ensalada de atún
Ensalada verde

Postres:
Flan
Arroz con leche
Duraznos Melba

Bebidas:
Refrescos
Café americano
Café express
Té

FUENTE: *Manuales seccionales de capacitación de CANIRAC*, Secretaría del Trabajo y Previsión Social, 1986.

Figura 4.5. Carta.

- Pescado: 10 min (frito o a la parrilla).
- Hígado 15 min.
- Cuete/filetes: 20 min (de acuerdo con la orden).
- Chateaubriand: 15 min.
- Pollo rostizado: 25 min.
- Costillas de cordero: 15 min.
- Chuletas: 15 min.
- Omelettes: 10 min.
- Soufflés: 30 min.

LA CARTA DE LICORES Y VINOS

La *carta de licores y vinos* es el documento informativo que describe las bebidas alcohólicas que hay en el establecimiento y se presenta en un orden cuantitativo, el cual varía según las existencias, estilo, categoría y servicio de cada lugar.

La carta de licores y vinos promueve de manera eficaz la venta de botellas en general, por lo que su presentación debe ser oportuna y estar en buen estado, ya que refleja la imagen del restaurante y/o bar. Es importante mencionar que se perderá la buena presentación de la misma si los precios están sobrepuestos o borrados.

ORIGEN DE LOS VINOS

Desde la época romana se consumía el vino; se decía que era "sangre de los dioses" y el saber degustarlo era un verdadero placer. Su obtención es producto de un proceso largo y de gran cuidado, que comienza desde la adecuada selección del terreno para plantar la vid, el cual debe reunir características muy especiales (calor, frío, humedad, lluvia, etc.), hasta su añejamiento y embotellamiento apropiado (Darragh, 1983). Este proceso lo estudia la *enología* que es el conocimiento relativo a la conservación y fabricación del vino.

Se dice que el vino es tan delicado como una mujer, que se le debe cuidar, platicar, atender, etc., para que resulte buen vino, ya que tiene vida y pasa por adolescencia y madurez, y si no se bebe a tiempo o no se cuida adecuadamente, muere.

CLASIFICACIÓN DE LAS BEBIDAS

Las bebidas en general se dividen en dos grandes grupos: bebidas no alcohólicas y bebidas alcohólicas que a su vez se subdividen (Ninemeier, 1989), por lo cual en seguida veremos un resumen de cada uno para su fácil estudio.

BEBIDAS NO ALCOHÓLICAS

Se conocen como mezcladores de los tragos largos, ya que se ocupan en la coctelería en general, aunque no todos. Dentro de estas bebidas encontramos cinco grupos principales y uno especial, los cuales se describen a continuación:

Aguas gaseosas

Estas bebidas son cargadas o aireadas con gas carbónico. El gas que se les agrega proporciona su efervescencia característica. Se conocen las siguientes:

Agua de soda. Es incolora e insípida.

Agua quina. Es incolora con sabor a quinina.

Dry ginger (jengibre seco). De color dorado con sabor a jengibre.

Bitter Lemon (limón amargo). De color pálido opaco con sabor fuerte de limón.

Otras aguas con sabor que entran en este grupo son: limonadas, *ginger beer* (cerveza sin alcohol), naranjada, y los refrescos de cola.

Aguas de manantiales naturales o aguas minerales

Conocidas también como aguas de mesa. Este tipo de agua se caracteriza por ser incolora, inodora e insípida, suele contener (en forma disuelta) calcio, potasio, zinc, cobre, hierro, cobalto y magnesio.

Las aguas minerales, se obtienen de manantiales, por lo que están impregnadas de los minerales naturales que se encuentran en ella; algunas veces poseen gas carbónico.

La dureza del agua viene determinada por el contenido de los óxidos de magnesio y de calcio (Share, 1993). Un litro de agua que contenga 10 mg de calcio o 7.14 mg de magnesio, tiene dureza de 1 grado. Desde 1 hasta 8 grados se considera como agua blanda, a partir de 18 grados se denomina agua dura. En seguida se presentan diferentes tipos de aguas, mencionados por Lillicrap (1982).

Agua acidulada. Contienen alto grado de ácido carbónico.

Agua alcalina. Tiene alto grado de alcalinidad; se utiliza en el tratamiento de la gota y el reumatismo.

Agua laxante. Contienen compuestos salinos como el sulfato de magnesio o el sulfato de sodio.

Agua calibrada. Estas aguas minerales son de dos tipos: carbonatadas o sulfuradas. Supuestamente actúan como estimulantes y como tónico.

Agua tónica. Es un producto reanimante.

Agua mineral litinada. Es rica en litio. Por ejemplo: Baden-Baden, Saint Marco, Salvator.

Agua sulfurosa. Este tipo de agua es rica en hidrógeno. Por ejemplo: Harrogate, Challes.

Agua salobre. Es un agua mineral natural, rica en sales, que contienen como mínimo 14 g de sales disueltas en un litro.

Agua ferrosa. Agua mineral con un contenido elevado de hierro, mismo que se logra mediante "aireado", lo cual, sin embargo, conduce a una pérdida de ácido carbónico.

Agua de Seltz. Contiene ácido carbónico.

Squashes o refrescos

En la República mexicana existen gran cantidad de refrescos elaborados a partir de jugos de fruta como manzana, naranja, toronja y lima-limón, entre otros. Se utilizan para mezclar; por lo regular se sirven con popote en un vaso de 10 onzas.

Jugos

Estas bebidas pertenecen al extenso grupo de zumos de fruta. Se trata de zumos naturales y concentrados mezclados con agua; pueden contener ácido carbónico y azúcar. Los hay embotellados, enlatados y frescos o naturales; todos se sirven fríos y son buenos mezcladores.

Jarabes

El zumo concentrado de frutos mezclado con azúcar blanca se llama jarabe. La cantidad de azúcar no debe ser superior a 65 %. El producto debe tener una consistencia espesa. Estos concentrados de frutas son la base de cocteles y copas con frutas; se utilizan también como mezcla con agua de soda. Lillicrap (1982) menciona que los jarabes más usados son de sabor de granada (granadina), de grosella (casis), de limón (citronela), de frambuesa, de cereza y el jarabe de azúcar blanca (gomme).

Grupo especial: café, té y leche

El café

Es una infusión (mezcla generada al hervirse con agua) de granos de café molidos previamente. Los granos (*coffea*) se obtienen de diferentes variedades de cafeto propios de regiones tropicales (Albertson, 1989), como las siguientes:

Coffea arabica. Especie originaria de Etiopía; representa 90 % de la producción mundial. Tiene sabor fino y aroma delicado; sus granos son planos y los más grandes.
Coffea robusta. Comúnmente crece en África. Los cafetos presentan gran resistencia y son poco exigentes. Los granos tienen menos sabor y son más pequeños que los de la especie *arabica*, aunque también son planos.
Coffea liberica. Como lo indica su nombre, se cultiva principalmente en Liberia. Tiene poco valor y sus granos son grandes. La moca proviene del puerto comercial árabe de Mokka.

Coffea catuai. Conocido también como caracolillo. Presenta una gran resistencia a bajas temperaturas, sobrevive a heladas o nevadas 60 % más que las otras variedades.

Comercialmente se conoce al café como un producto líquido resultado del hervor del grano molido que lleva el mismo nombre; contiene 2 % de cafeína. Su proceso de preparación es lento y cuidadoso, ya que requiere previa limpieza, secado, tostado, molido y mezclado (algunos a veces con azúcar). Existen varias presentaciones del mismo, como mezclador de algunas bebidas alcohólicas en la coctelería internacional, como el café irlandés, monja, mexicano y kalhúa, entre otros.

El té

El té es un arbusto del Extremo Oriente que pertenece a la familia de las cameliáceas y crece hasta cuatro metros de altura; sus hojas son abundantes y continuas; sus flores son blancas; tiene fruto capsular, globoso y con tres semillas seminegruzcas. Las hojas de este arbusto se secan, son enrolladas y ligeramente tostadas; al mezclarlas con agua hirviendo, resulta una infusión usada como bebida estimulante, estomacal y alimentaria (Alonso, 1958).

Actualmente el término "té" se emplea para cualquier infusión hecha de hierbas, hojas de arbusto o corteza de árbol aromático. Herrero (1988), menciona la siguiente clasificación del té:

Té verde. Se usa sin fermentar, es suave y aromático.
Té negro. Preparado por fermentación, es más oscuro y con sabor más fuerte.
Té desteinado. Puede ser cualquier té, al que se le ha eliminado una gran cantidad de teína.
Extracto soluble. Es el producto soluble en los líquidos, obtenido por la evaporación parcial o total del té.

Las únicas regiones productoras de té del arbusto definido anteriormente son India, Sri Lanka, China, Indonesia y Japón.

La leche

La leche es un producto natural que contiene diversos nutrimentos, por lo que representa uno de los elementos más importantes dentro de la alimentación diaria. Entre las diferentes presentaciones comerciales de leche (Herrero, 1988), se pueden mencionar:

Leche pasteurizada. Esta leche se somete a un tratamiento de calor durante un periodo suficientemente prolongado para eliminar los microorganismos que dañan la salud.
Leche homogeneizada. Leche que se somete a un proceso mecánico para reducir el tamaño de los glóbulos de grasa provocando que la

crema se mezcle con la leche uniformemente y así se conserve por más tiempo.

Leche estandarizada. Leche de diversos orígenes es sometida a un proceso para ajustar los diversos contenidos de grasa a un cierto nivel para uniformar su adiposidad.

Leche enriquecida con vitamina D. Deben encontrarse por lo menos 400 unidades de esta vitamina por litro.

Leche desengrasada. Contiene menos de 0.1 % de grasa.

Leche con bajo contenido en grasas. Contiene desde 0.2 hasta 5 % de grasa.

Leche descremada. Contiene menos de 0.5 % de grasa.

Leche concentrada. Ésta puede ser evaporada o condensada, elaborada a partir de leche entera. A la evaporada se le ha reducido a la mitad el contenido de agua calentando la leche homogeneizada al vacío. En el caso de la leche condensada, a la leche entera se le redujo a la mitad el contenido de agua y se le añadió azúcar en 45 % aproximadamente. Además, en este tipo de leche, el azúcar actúa como conservador.

Leche deshidratada. Es posible encontrarla entera o con las especificaciones de bajos niveles de grasa. Gracias a que su grado de humedad es reducido, su tiempo de conservación es muy largo.

La leche se considera un excelente alimento por su alto valor nutritivo; además actúa como relajante, tranquilizante y refrescante; sus diferentes modalidades han sido adaptadas en la coctelería. En este caso se ocupan en mayor proporción la evaporada, la condensada y la crema tipo chantillí (Ninemeier, 1989).

BEBIDAS ALCOHÓLICAS

Se les denomina así a todas las bebidas que cuentan con cierto grado de alcohol etílico, producto de un proceso que inicia en la recolección de materia prima, prensado o triturado del producto y sigue con la fermentación consistente en la conversión del azúcar en alcohol, de uvas, cereales, papa, grano o tubérculos; por cierto, algunas bebidas por su finura y delicadeza, requieren de doble fermentación; posteriormente sigue el proceso de filtración y en su caso, destilación (figs. 4.6. y 4.7) que es la purificación y/o evaporación del producto fermentado, también llamada destilación de los espíritus, ya que es la esencia del líquido resultante de la separación del alcohol y del líquido fermentado se considera un proceso de distinción de la bebida en cuanto a su sabor, ya que algunas requieren doble o triple destilación, brindándoles un aroma particular; también se considera de distinción el proceso de añejamiento, que es el reposo en barricas en donde el espíritu y las sustancias agregadas interactúan con el aire filtrado de la porosidad de la madera y éstas son absorbidas por la misma, proporcionando nuevos agentes que dan el sabor particular de cada bebida. En el embotellamiento, los

Prensado Levadura Asentamiento Maduración Embotellado

Despalillado Fermentación Sedimentación Filtrado

Figura 4.6. Fermentación.

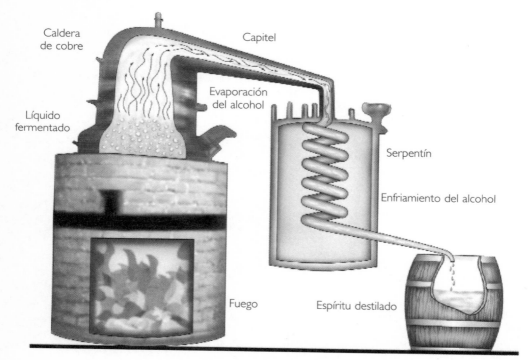

Caldera de cobre Capitel

Evaporación del alcohol

Líquido fermentado

Serpentín

Enfriamiento del alcohol

Fuego Espíritu destilado

Figura 4.7. Destilación.

espíritus son diluidos a diferentes niveles de sabor, generalmente con agua destilada, después del reposo o añejamiento en barricas; esto permite suavizar el sabor, mas no alterarlo (Darragh, 1993).

En la actualidad hay un gran número de bebidas alcohólicas que proceden de diferentes partes del mundo, las cuales están hechas de distintos ingredientes, como frutas, granos, semillas y plantas, así como de su combinación; por ejemplo:

- Caña de azúcar + fermentación + destilación en serpentín de cobre + añejamiento en barrica de roble = *ron*.
- Grano (Rusia) o papa (Polonia) + fermentación + destilación en serpentín de cobre + filtración + purificación = vodka
- Cereales + fermentación + destilación en serpentín de cobre = *ginebra*.
- Grano de cebada o centeno + fermentación + doble destilación en alambique de cobre + añejamiento en barricas de encino blanco = *whisky*.
- Uva + Fermentación + Maduración + filtración + embotellamiento = vino
- Jugo de uva + fermentación + doble destilación en serpentín de cobre + añejamiento en barrica de roble = *coñac*.[1]
- Agave azul tequilaza weber + fermentación + destilación en serpentín de cobre + añejamiento = tequila

Las bebidas alcohólicas son necesarias para deglutir y ayudan a tener buena digestión. Además, está comprobado que su consumo moderado (una copita diaria), ayuda a la circulación, a la digestión y prolonga la vida. Al acompañar los alimentos, hacen del comer un acontecimiento agradable y social. Las bebidas tienen íntima relación con la comida. Por su carácter, grado alcohólico y por su orden se conocen como: aperitivos, vinos de mesa y digestivos, como licores y cremas. Las bebidas alcohólicas se subdividen en nueve grupos, que en seguida se explican:

1. Grupo de aperitivos

Los aperitivos preparan al estómago para hacer una buena digestión. Su misión es abrir el apetito, despertar el espíritu, agradar al paladar, alegrar la vista y dar sabor de alcohol, que por lo regular es amargo. Tienen las siguientes particularidades:

- Bebidas que generalmente se sirven antes de la comida.
- Los aperitivos son el *entreacto* de las comidas escogidas.
- Esta entrada líquida debe ajustarse a lo que se servirá como alimento.

Existen cuatro tipos básicos de aperitivos: bitters (amargos), vinos y vinos espumosos, cocteles y bebidas fuertes diluidas con agua (Darragh, 1993).

Bitters

Se elaboran a partir de extractos de hierbas y raíces, de elementos medicinales de plantas, sobre todo, tropicales y subtropicales, y de especias.

---

[1]*Manuales seccionales de capacitación de CANIRAC*, Secretaría del Trabajo y Previsión Social, Sistema General de Capacitación y adiestramiento, México, 1986.

- Los bitter ingleses se preparan a partir de anís, clavo y canela.
- Los bitter españoles: son elaborados a base de valeriana y genciana.
- Los italianos son el *fernet* y el *campri-bitter* (campari) rojo. El *bitter lemon* se obtiene de la quinina y de la cáscara de los limones, y el *bitter orange* se obtiene de la cáscara de naranja.
- El tequila: se obtiene del agave azul *tequilana weber* y se toma con sal y limón.

La característica principal de este grupo es que contienen extractos de hierbas y de quinina, que sirven para estimular los nervios gustativos de la lengua y del paladar.

Vinos y vinos espumosos

Se acostumbra abrir el apetito con un vino generoso o uno espumoso, éstos preparan al estómago para recibir los alimentos adecuadamente. Los generosos son vinos secos de gran fuerza, los cuales no pueden servirse como vinos de mesa, sino como aperitivos. Por su proceso de vinificación, resultan más bien vinos secos. Existen personas que comienzan su comida con un vino como aperitivo, después acompañan sus alimentos y concluyen con vino exclusivamente.

La champaña se considera como el mejor de los vinos espumosos, ésta se logra gracias a una segunda fermentación; utilizando únicamente uvas negras de pulpa blanca. En la actualidad es considerado como el vino espumoso más famoso en el mundo.

Cocteles

Los cocteles más populares servidos como aperitivos son el Manhattan y el martini. Sin embargo, en este grupo también se contemplan las mezclas más comerciales como serían la cuba libre, el vodka tónic, y el coctel margarita, entre muchos otros que son costumbre de los comensales. En este grupo no deben contemplarse bebidas ni cocteles dulces.

Bebidas fuertes diluidas con agua

Para todos los gustos y buenas gargantas, también las bebidas fermentadas y destiladas son demandadas por los comensales; algunos para no mezclar sabores amargos con dulces o fuertes y otros porque tienen una bebida preferida. Por lo regular, como aperitivo se usa el whisky en las rocas o con agua y el tequila solo.

Reglas de degustación

- Contar con el tiempo necesario.
- Tomarlo con tranquilidad.
- Los aperitivos se sirven, según la coctelería clásica, sin *paja* (sin adornos) y por lo general, también sin hielo.

Algunos aperitivos más populares

- Jerez seco (*Tío Pepe*).
- Mediano (*Amontillado*).
- Dulce (*Double Century*).
- Crema (crema de miel y crema *Bristol*).
- Martini seco (color pálido) y dulce (color oscuro).
- Dubonnet rojo (*rougel*) y blanco (*bland*).
- Campari sobre hielo aderezado con una rebanada de limón. El campari es un aperitivo italiano dulce-amargo de color rosado, y tiene un ligero sabor a cáscara de naranja y agua quina.
- Pernod (francesa).
- Ginebra y amargo de limón.
- Ginebra rosada.
- Oporto.

2. Grupo de vinos

De acuerdo con Álvarez (1991) y Serra (1992), los vinos son bebidas hechas exclusivamente de uva; estas uvas deberán reunir ciertas características muy especiales para cada tipo de vino deseado; las regiones vitivinícolas se localizan entre los paralelos 30 y 50 de ambos hemisferios (Sur y Norte); el ciclo anual de la vid comienza en invierno, con la poda y la plantación de esquejes (brotes de viñedos maduros). En primavera rompen las yemas y más adelante surge el fruto; en verano se prepara y cuida el viñedo. La vendimia (recolección de la uva) se lleva a cabo cuando comienzan a colgar sin rigidez los racimos de uvas y éstas se encuentran blandas. La vendimia se realiza racimo por racimo, cortando con mucho cuidado; una vez seleccionados se colocan en tolvas (conos invertidos y abiertos donde se depositan los frutos para que caigan poco a poco) y comienza el proceso del vino.

La vinificación es el proceso mediante el cual el mosto se transforma en vino a través de distintas fases, por el fenómeno químico biológico de la fermentación alcohólica, debida a la actividad de las levaduras y en la cual los azúcares del mosto se convierten en alcohol y en anhídrido carbónico, acompañado de otras reacciones químicas y actividades de otros microorganismos y fermentos.

Existen tres tipos básicos de vinos (*Manuales seccionales de capacitación de CANIRAC*, 1986):

Vinos
- de mesa
  - blanco
  - rosado
  - tinto
- generosos
  - finos
  - manzanilla
  - amontillados
  - olorosos
  - dulces
- espumosos
  - champaña
  - espumanti

Vinos de mesa

La graduación alcohólica del vino puede variar de los 12 grados en adelante y dependen del tipo de cepa que se utilice en la elaboración del vino. El vino, como la mayoría de las bebidas alcohólicas, toma el aroma y sabor del medio ambiente o recipiente en que se conserva, variando notablemente estos factores según el tipo de madera del barril o bota. Como norma general, debe envejecerse el vino en toneles o cubas de madera de roble y en una bodega que sólo contenga vino. La bodega debe tener siempre una temperatura constante, lo mismo en verano que en invierno, ya que de lo contrario, el vino podría picarse o avinagrarse (descomponerse o echarse a perder).

Todos los vinos de mesa están hechos a partir de la uva, de la cual existen muchas variedades, desde muy claras hasta muy oscuras y dependiendo de la clase de uva que se utilice será el tipo de vino que se obtenga, como los siguientes:

Vinos blancos

Se pueden elaborar con uvas negras o blancas. Si se utilizan para su preparación sólo uvas blancas sin nuez (semilla), puede imprimirse en la etiqueta *Blanc de Blancs*.

Para hacer un vino blanco seco, se corta la uva antes de llegar a la madurez; para los vinos suaves y licorosos debe esperarse a que la uva esté muy madura. El vino blanco se fermenta durante cinco o seis días a 20 °C; debe evitarse la fermentación maloláctica para conservar la acidez y el sabor afrutado y, dependiendo del tipo de vino que se desea hacer, se le da el tiempo suficiente al jugo dentro de la cuba. Según Álvarez (1991), Serra (1992) y Johnson (1985), los vinos blancos semisecos o abocados son los que se obtienen interrumpiendo la fermentación para evitar que toda el azúcar se convierta en alcohol, cosa que no sucede en la obtención de un vino blanco seco, ya que éstos se dejan fermentar hasta que toda el azúcar se convierte en alcohol.

Vinos tintos

Es un hecho de fácil comprobación, que el color de los vinos tintos se halla en las pieles de las uvas. Simplemente estrujando entre los dedos la piel de un grano de cualquier uva negra, se comprueba que se desprende una tinta de color rojo intenso, por lo cual obtiene su color y características de su sabor al estar en contacto con la piel de las uvas (sombrero) durante la fermentación. Estos vinos tienen una segunda fermentación, posteriormente se embotellan y mejoran su calidad en la botella. Al jugo de la uva se le llama *mosto*. A los hollejos que flotan en el mosto durante la fermentación se les llama *sombrero*. Durante los primeros días de la fermentación, se rocía el sombrero con mosto. A esta práctica se le llama *remontado*. Los hollejos son posteriormente separados de la masa de la fermentación, al haber terminado su misión de ceder color al vino. Cuanto más tiempo permanezcan los hollejos en contacto con el mosto durante la fermentación, mayor será el grado de color que el vino adquirirá. Durante el proceso de crianza, el vino tinto va afinándose, su color violeta intenso va adquiriendo tonalidades más cercanas al rojo ladrillo y su aroma experimenta una modificación importante: se pierden parte de los aromas del fruto originales de la cepa e incluso de la fermentación, y se adquieren los aromas más refinados conocidos como aromas de crianza o *bouquet*.

En pocas palabras, para el vino tinto la uva se prensa; al jugo de la uva se le llama mosto y se fermenta en contenedores abiertos, en altas temperaturas (de 18 a 21 °C). El proceso de fermentación involucra a las levaduras con el azúcar, para obtener como producto alcohol y bióxido de carbono. Después pasa al proceso de sedimentación (descenso de los sedimentos), donde se coloca en barriles o tanques, llamados contenedores, a reposar; se filtra o clarifica, quitando todas las partículas sólidas; se embotella y se almacena los años deseados (fig. 4.8).

El lugar donde se deja madurar, añejar o almacenar al vino, es conocido como cava, la cual para lograr un buen proceso de madurez de los vinos debe tener las siguientes características: ventilación, temperatura apropiada, iluminación discreta u oscuridad, quietud no debe darle la luz del Sol y no debe haber humedad, principalmente.

El acomodo para el almacenamiento o envejecimiento de los vinos deberá ser horizontal para mantener al corcho húmedo y prevenir la contracción del mismo.

Vinos rosados

Su fermentación es igual que la del vino tinto pero por menos tiempo. Los vinos rosados se elaboran con uvas negras o con la mezcla de negras y blancas. El mosto tiene contacto con las pieles y semillas de las uvas, pero en menor tiempo; se le llama *vino de una noche*, porque el contacto con el sombrero es sólo de 24 horas, para permitir que el mosto tome el color deseado. Este vino, al igual que el blanco, no se clarifica, sino que se sedimenta. Los vinos rosados suelen ser secos o dulces y en algunos casos espumosos.

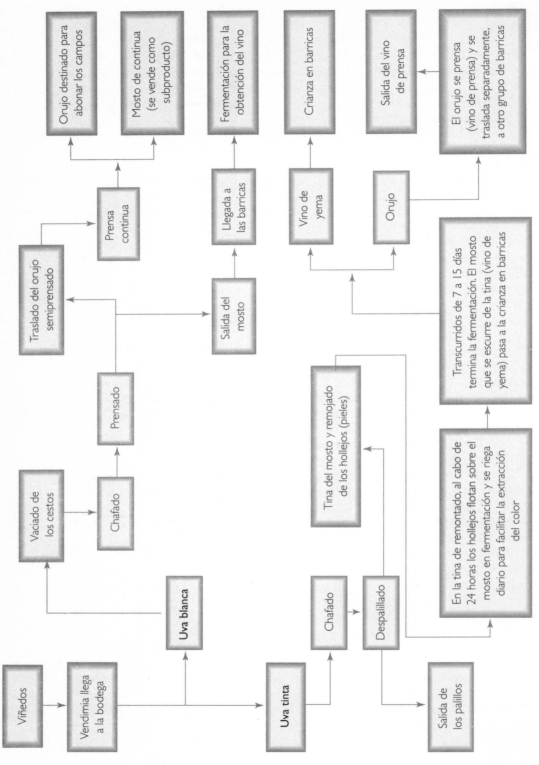

Figura 4.8. Elaboración del vino.

Vinos generosos

Los vinos generosos tienen una graduación alcohólica más alta que los vinos de mesa, y van de 17 a 22 °GL (algunos hasta 32 °GL). Son vinos blancos a los cuales se les agregan olores y sabores de diferentes frutas y hierbas aromáticas. Se obtienen agregando alcohol al mosto al final de la fermentación, por lo que resultan vinos secos de gran fuerza, los cuales no pueden servirse como vinos de mesa, sino como aperitivos.

Según Flores (1995), los vinos generosos, conocidos como fortificados, se clasifican (de acuerdo con el color, sistema y sobre todo en graduación alcohólica) en:

Finos (de 15 a 17 °GL): nombre otorgado a los generosos por el tiempo de añejamiento.
Manzanillas (de 16 a 19 °GL): este es un jerez fino y seco, con un sabor ligeramente impregnado de *brisa marina* (un poco salado).
Amontillado (de 17 a 19 °GL): es también una variedad del jerez, procedente de España; es más fino que el anterior ya que necesita el añejamiento de diez años, además predomina su sabor almendrado.
Olorosos (de 18 a 29 °GL): cuentan con un sabor auténtico logrado gracias a las aproximadamente 50 hierbas y productos aromáticos que se les agregan.

También existen los *vinos generosos dulces*; su vinificación es igual que la del vino blanco, pero se utilizan uvas dulces como Moscatel y Málaga muy maduras y en ocasiones asoleadas para lograr una mayor concentración de azúcar.

Este vino se obtiene cuando la fermentación tumultuosa (voluminosa) se interrumpe al agregar alcohol al mosto; de esta manera queda muy dulce y fuerte en alcohol. Estos vinos se toman generalmente con los postres (como digestivo); algunos de éstos son:

Jerez. Producto español, elaborado con uvas blancas, con doble fermentación y con adición de un licor fuerte como el brandy.
Oporto. Vino de Portugal, que se obtiene de la mezcla de vinos con brandy y se añeja por lo menos dos años.

Vinos espumosos

La champaña es un vino espumoso, famoso en el mundo entero, invención del monje francés dom Pierre Pérignon, célebre benedictino que vivió en la abadía de Hautvillers en 1715, quien mejoró las técnicas de fabricación.

Existen otros vinos espumosos en Francia e Italia, que tienen también alta calidad como la de la champaña, pero a éstos se les llama vinos espumosos. En España, el vino de este mismo género se denomina *cava*. Cabe mencionar que no todos los vinos espumosos son producidos con el método de la champaña, que consiste en lograr la segunda fermentación dentro de la botella; en algunos casos la segunda fermentación se hace en cubas grandes; a este método se le llama *chamand*. Los vinos italianos de estas mismas características se llaman *spumanti* y los alemanes *sekt* (*Manuales seccionales de capacitación de CANIRAC*, 1986).

Importancia del corcho para el cuidado y envejecimiento del vino

Es muy importante que en esta etapa del proceso del vino la botella se conserve horizontalmente para mantener el corcho húmedo y prevenir su contracción, impidiendo la entrada de aire y favoreciendo su adecuada maduración; nivela el oxígeno en la botella, en fin, todo el proceso reductivo generador de aromas terciarios que experimenta el vino embotellado, está determinado por el corcho; los hay hasta de 5 cm de largo 1.5 o 2 cm de diámetro; éste nos indica la calidad, madurez y cuidado que ha tenido este vino. Mientras más largo y ligeramente poroso (ni muy duro ni muy suave) sea esta clase de tapón el vino es mejor; éste deberá tener a lo largo el sello de la casa productora, dando así una muestra más del buen vino (Johnson, 1985).

Los corchos pueden ser porosos, cortos, sin sello de la casa productora, flácidos, duros, condensados, etc., lo cual dará la primera impresión del bouquet y cualidades del vino a degustar.

Su cuidado antes de hacer el papel de tapón del vino es, según tradición de familias conocedoras, remojarlo de noche en agua fría, se seca y nuevamente se moja, por corto tiempo, pero ahora en un poco del vino que se embotellará. La experiencia dice que el corcho da de sí, y si había algunas basuras que afectaran el vino, se tiene menos riesgo de dejar sedimentos en la botella. Finalmente, el corcho tiene varias cualidades que lo hacen idóneo para el cerrado de las botellas de vino, éstas son: elasticidad, resistencia a la compresión, impermeabilidad y longevidad.

La relación de las bebidas con los alimentos es muy importante y deben acompañarse siempre de la forma mostrada en la tabla 4.1, aunque depende en gran medida de los gustos de los comensales.

Algunos amantes del buen comer sugieren que los alimentos fuertes deben acompañarse de una bebida fuerte (para que no se pierda una buena bebida), así como evitar un vino con demasiado carácter para platillos preparados con muy pocos condimentos, por lo que en gustos se rompen géneros, definitivamente. Lo importante es que combinen las bebidas al agrado pleno del comensal.

La champaña, por su sabor delicado, es compatible con todo tipo de comida; se le da este nombre por Champagne, la única región francesa que da la uva de este producto. A los demás vinos que no sean de esta región se les llamará vinos espumosos, mas no champaña. Es un producto de denominación de origen controlado.

Tabla 4.1	
Vinos tintos	Carnes rojas, con alimentos horneados, asados y de caza; carnes asadas, platos fuertes y muy condimentados, y quesos fermentados o de pasta dura
Vinos blancos y reposados	Carnes blancas o mariscos; alimentos hervidos, escalfados (en caldo o agua hirviendo-caldos) y frescos. En general se sirven con consomés, sopas, entremeses, mariscos, pescados y queso fresco
Vinos claretes, rosados y tintos ligeros	Entremeses, aves, carnes blancas, pasta, platillos ligeros y queso de cabra.
Vinos dulces y licorosos	Para frutas, pastelería y postres
Vinos generosos secos	Entremeses, mariscos, crustáceos, frutas y pescados
Vinos generosos dulces	Acompañan a los postres
Vinos espumosos brut y secos	Entremeses, pescado y en todo, excepto postres
Vinos espumosos semisecos y dulces	Acompañan a los postres

Principales regiones vinícolas

España

Vinos fuertes de gran tradición: Rioja, La Mancha, Jerez, Málaga, Galicia, Murcia.

Italia

Vinos tradicionales: Lacio, Toscana, Sicilia, Véneto, Venecia Julia.

Francia

Vinos sensuales, finos, metódicos y meticulosos: Borgoña, Alsacia, Burdeos, Bergerac, Côte du Rhône, Valle del Loira.

Alemania

Vinos dulces y blancos: Rhin, Bodensee, Moselle, Baden, Franconia (Franken), Würhemberg.

Estados Unidos

Este país se ha caracterizado por igualar sorprendentemente la calidad de sus productos a los buenos vinos originales, mediante sus procesos de aceleración y aromatización con técnicas especializadas, que han dado al mundo buenos vinos y más económicos que los originales; de ahí su notable presencia en el mercado de vinos.

México

Los vinos mexicanos son de muy buena aceptación en el mercado internacional, especialmente los del norte del país, procedentes de Tijuana, Tecate, Ensenada y los Valles de Guadalupe y Santo Tomás.

La industria vitivinícola mexicana es autosuficiente en casi todo, y de acuerdo con las normas nacionales, ostenta una integración de 100 % ya que su materia prima es de producción interna y se cosecha en cantidades suficientes. En cada empresa se ha logrado amalgamar a un grupo de enólogos y profesionales en control de calidad, quienes pueden garantizar el éxito en el proceso de elaboración. Por supuesto, hay diferencias de calidad en la uva que se cosecha año con año, pero nadie puede escapar de esto. Todo entusiasta del buen vino sabe la importancia del año cuando se trata de encontrar un vino sobresaliente.

México es un país con características climatológicas y topográficas que dan lugar a un mosaico particular de posibilidades de vida. A diferencia de muchas naciones, no puede considerársele como una zona privilegiadamente fluvial: gran parte del territorio está constituido por zonas desérticas y semidesérticas. Pero, por contradictorio que parezca, esta es una de las primeras condiciones que facilitan el crecimiento de la vid.

Según testimonio de Rafael Almada, director general de la Asociación Nacional de Vitivinicultores (1997), "...la calidad de los vinos mexicanos es altamente competitiva, ya que México está compitiendo contra los productores europeos y, al mismo tiempo, con los que exportan al Viejo Continente, como es el caso de Chile, Nueva Zelanda y Australia. Si se comparan los volúmenes totales de consumo, el porcentaje que se exporta es mínimo; sin embargo, si tomamos en cuenta que hace cuatro o cinco años no había exportación en ese campo, es considerable la participación actual".

Lo anterior afirma que el vino mexicano es altamente competitivo y ahora está presente en más países productores con tradición vinícola ancestral, entre ellos, Italia, Francia, España, Portugal, Grecia, Países Bajos, Alemania e Inglaterra y se ha logrado como respuesta al cuidado que se ha puesto en tierras mexicanas, por eso afirma Rafael Almada "si queremos un buen vino, necesitamos una uva sana".

En la actualidad, existen aproximadamente 80 000 hectáreas de tierras cultivadas con vides en México y las empresas que están exportando a Europa son (especialmente de la región de Valle de Guadalupe, Baja California, y Parras, Coahuila) Cetto, bodegas de Santo Tomás, Casa Pedro Domecq y Casa Madero. En este momento hay 12 compañías afiliadas a la Asociación Nacional de Vitivinicultores, mismas que abarcan 100 % de producción nacional, lo cual ha favorecido el consumo que se ha incrementado ligeramente.

Es sabido que el extremo septentrional de la península de Baja California atraviesa la llamada Franja del vino, por lo que teóricamente, esta zona debería ser la única habilitada para el cultivo de viñedos. Si bien es cierto que los vinos más finos de producción nacional tienen su origen en esta área, la nobleza de otras tierras no inscritas dentro de la Franja del vino, como Querétaro, Zacatecas y Aguascalientes, permite exitosas cosechas de uva, excelente para ser vinificada.

Chile

Es otro país en América que verdaderamente ha hecho sentir su presencia en el mercado internacional, especialmente por sus producciones de mayor volumen en el mundo de los vinos rosados, independientemente de sus vinos tintos que son excelentes y compiten con cualquier otro país.

Envasado del vino

El color de las botellas varía según la región; generalmente son verdes en la región francesa, verde oscuro para los vinos tintos y verde claro para los claretes o blancos. En Alemania, el color de las botellas es variado (ámbar claro, verde claro y blanco) pero no cambia. En España e Italia también respetan los colores y éstos no varían a través de los años, son colores que permiten la conservación de los vinos, filtrando los rayos de luz que afectarían el contenido.

En todos los países, el gobierno lleva un récord de producción y exportación, dándole una garantía gubernamental a los vinos; en el caso de Francia, el gobierno concede la certificación de procedencia y calidad agregando en las etiquetas "Appelation Controlee" (*Manuales seccionales de capacitación de CANIRAC*, 1985).

Servicio de vinos

En esta sección y como último punto, veremos cómo se descorcha y se sirve un vino. Ante todo hay que hacer mención de que le corresponde dar el servicio de vinos al sommelier o catador de vinos, pero en el caso de no haberlos, le corresponde dar este servicio al capitán de meseros y en último caso, al mesero o al cantinero.

Procedimiento para el descorche de vinos

Para garantizar la autenticidad del producto, los vinos embotellados vienen tapados con corcho y una cápsula de estaño por lo que deben descorcharse cerca de los comensales, y mostrar la etiqueta de la botella, donde están señaladas las características de su contenido (fig. 4.9).

Descorche del vino blanco

Se coloca la botella en una enfriadera o heladera con hielo y agua sobre su base (tripié) cerca de la mesa que está sirviendo, colocando una servilleta sobre la parte superior de la botella. Posteriormente se saca la botella de la enfriadera, colocando la servilleta en la base de la misma (fig. 4.10).

Para proceder al descorche, se toma la botella por el cuello con la mano

Figura 4.9. Mostrar las características del contenido de la botella.

Figura 4.10. Botella de vino blanco en la enfriadera.

168

izquierda sin inclinarla demasiado (aproximadamente 45°) y con la navaja en la mano derecha, se corta la cápsula de estaño en la parte inferior de la boca de la botella, girándola hacia la izquierda a la vez que la derecha gira en sentido contrario (fig. 4.11).

Para sacar el corcho se introduce el sacacorchos con la mano derecha, sujetando la botella por el cuello; el sacacorchos debe seguir el eje del tapón (fig. 4.12).

Se gira el sacacorchos hasta que la punta esté cerca de asomar por el otro lado del tapón, y se apoya el sacacorchos en la boca de la botella apalancando lenta y firmemente hasta que el tapón salga. Una vez fuera el corcho, se limpia la boca de la botella con una servilleta y el corcho se coloca sobre un plato que se lleva a la mesa (fig. 4.13).

Cuando el vino es de alguna calidad especial, se coloca el plato en que está el corcho a la derecha del anfitrión, para que compruebe su estado si lo desea, después de un momento, se retira el plato.

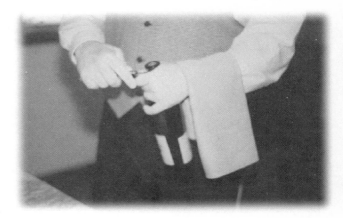

Figura 4.11. Retiro de la cápsula de estaño de la botella.

Figura 4.12. Descorche del vino blanco.

Figura 4.13. Retiro del tapón de corcho de la botella.

Figura 4.14. Servicio de vino blanco al anfitrión.

Figura 4.15. Servicio de vino blanco a los comensales.

Servicio del vino blanco

Se coloca una servilleta en la mano derecha sin cubrir la etiqueta. Con la mano derecha manteniendo la izquierda cruzada en la espalda se sirve un poco de vino al anfitrión para que lo pruebe. Cuando se ha servido la cantidad suficiente (un cuarto de copa), levanta ligeramente la boca de la botella; al mismo tiempo, la gira hacia la derecha para evitar que gotee, se retira la botella y se espera a que el anfitrión dé su aprobación (fig. 4.14).

Para servir a las demás personas, se comienza por la dama o por la persona que se encuentra sentada a la derecha del anfitrión, sirviendo siempre con la mano derecha y por el lado derecho del comensal. Para verter el vino en las copas, baje la botella a unos 3 a 5 cm del borde de la copa y vierta el vino hasta llenar las 3/4 partes de la copa, se gira la botella para evitar que gotee y repite la operación con los otros comensales (fig. 4.15).

Una vez que se ha servido a todos los comensales, se vuelve al anfitrión y termina de servir su copa. Si aún queda vino en la botella, se coloca dentro de la heladera o enfriadera hasta su término. Las copas deben llenarse de nuevo sin necesidad de que la gente lo pida.

Servicio de vino tinto

Para este servicio, la botella se acerca más al borde de la copa sin tocarla, para que el vino no caiga, sirviendo dos tercios de la copa (fig. 4.16).

Servicio de vino rosado

Se procede de la misma forma que en el servicio de vino blanco.

3. Grupo de aguardientes

Aguardiente es el nombre genérico otorgado a las bebidas destiladas, previamente fermentadas y con gran contenido de alcohol. Los aguardientes

Figura 4.16. Servicio de vinos blanco y tinto.

son también conocidos como bebidas espirituosas (vapores alcohólicos), se diferencian entre sí por la materia prima utilizada y por el tipo de destilación para obtenerlas (Albertson, 1989).

Se considera a los egipcios como los descubridores de la destilación; sin embargo, fueron los árabes los primeros en destilar el vino a principios de la Edad Media, trasmitiendo este conocimiento posteriormente a los europeos.

El aparato que se utiliza para realizar las destilaciones se denomina alambique; cuenta con tres partes diferentes: la cucúrbita o caldera de metal, el capitel y el serpentín.

En la caldera se deposita el líquido a destilar, cuya parte inferior es calentada por diferentes procedimientos. Cuando el líquido alcanza la temperatura adecuada, se desprenden vapores alcohólicos que ascienden al capitel y se introducen por un conducto que los lleva al serpentín (tubo en espiral).

El serpentín está colocado dentro de un recipiente en el que se renueva continuamente el agua, que entra fría por la parte inferior, y conforme se va calentando, asciende a la superficie para salir por un conducto. El alambique tradicional se sigue utilizando para la destilación del coñac, del brandy catalán y del whisky de malta (Zraly, 1986).

Para producir aguardientes puede utilizarse vino, frutas dulces y vegetales con alto contenido de almidones o azúcares. Para que un aguardiente alcance la condición *sine qua non* (que sepa como tiene que saber), es necesario que pase por un proceso de fermentación, destilación y envejecimiento en barricas; sin embargo, no todos los aguardientes necesitan el mismo número de destilaciones ni tampoco tienen igual tiempo de envejecimiento (Albertson, 1989).

Entre los aguardientes más conocidos y comerciales, encontramos los siguientes:

- Ato agrio, de Tabasco, México.
- Bacanora, de Sonora, México.
- Comiteco, de Chiapas, México.
- Charanda, de Michoacán, México.
- Mezcal, de Oaxaca, México.
- Poire, de Suiza-Francia (a base de pera).
- Sake, de Japón (a base de arroz).
- Slivovitz, de Yugoslavia (a base de ciruela).
- Sotol, de Chihuahua, México.
- Tesgüino, de Chihuahua, México.

Aguardientes	Otras bebidas alcohólicas
Ron	Licores
Vodka	Cremas
Ginebra	Cerveza
Tequila	Pulque
Whisky	Cocteles
Brandy	

Ron

El ron tiene origen español, pues fueron ellos quienes en el siglo XVI, exportaron hacia el Nuevo Mundo la caña de azúcar procedente de China (Peynaud, 1986), aunque también se dice que es de origen jamaiquino o cubano.

El ron puede elaborarse del zumo de caña o de las melazas de la misma. Cada una de estas materias primas es primero fermentada y luego destilada por alambique o destilador continuo. La destilación continua produce un licor más indefinido pero barato; en cambio, el alambique permite extraer la cantidad perfecta, sin exceso ni defecto en las esencias aromatizantes. En el mercado, la mayoría de los rones son la combinación de ambos sistemas. Es considerado el mejor mezclador para la coctelería. Pero el buen ron, añejado en barriles de madera fresca, se tiñe. Los taninos de la madera de la cuba le confieren al ron un ligero sabor adicional que resulta típico. Los hay desde seis meses, tres, cinco, siete, 15 y hasta 20 años.

Los principales países productores de ron son: Cuba, Brasil, México, Puerto Rico, Martinica, República Dominicana, Barbados, Guadalupe, Guayana, Jamaica, Haití y Trinidad. El ron cubano es de origen español. En 1862 Facundo Bacardí, inició su producción, haciendo famosa la marca *Bacardí* (Johnson, 1985).

Vodka

Es de origen ruso, aunque se dice que también es polaco. Se elabora a partir de trigo, cebada, centeno, papa o maíz. El vodka polaco se elabora a partir de la papa a diferencia del ruso que puede hacerse de trigo, centeno o cebada. Su graduación alcohólica oscila entre los 32 y 49 °GL. Carece de sabor, color y olor, aunque algunos se perfuman con hierbas y especias.

Ginebra

Es una bebida originaria de Inglaterra, elaborada con el vino de malta obtenido de cereales como: cebada, centeno, maíz y algunas veces arroz, tiene un sabor característico proporcionado por las bayas de enebro, en su proceso de destilación, solamente la cebada sufre un tratamiento previo para convertirla en malta; una vez conseguida ésta, se le mezcla con el centeno y el maíz, que se molerán hasta quedar convertidos en harina (Albertson, 1989).

El vodka y la ginebra son bebidas espirituosas que no requieren el proceso de añejamiento o envejecimiento para lograr su madurez. Hay dos tipos de ginebra: la holandesa (genever, hollans o schiedam) y la inglesa (geneva).

Tequila

El proceso de la obtención del tequila comienza desde el momento de la siembra del agave azul *Tequilana weber*, en las tierras pertenecientes a la región de Tequila, Jalisco. Después de una espera de ocho años para lograr una correcta maduración, se procede a la jima, o corte total de las hojas del agave y sacar la piña (corazón) del suelo. Las piñas limpias se llevan a la destilería, donde comenzarán su transformación. Éstas se introducen a un horno para cocer el mezcal que contienen y así, concentrar los azúcares. En el momento en que la piña se torna de color amarillo oscuro, está lista para pasar al triturador. En el triturador, las piñas cocidas sueltan la miel que contienen; ésta es vaciada en contenedores, donde reposa unas horas junto con el bagazo. Los residuos más fibrosos se desechan. Posteriormente, se agrega levadura a la miel reposada para iniciar la fermentación. Al cabo de 12 horas, el mosto se traslada al alambique para empezar el proceso de destilación (*Bebidas famosas del mundo*, 1988). En este proceso el mosto se somete a altas temperaturas en una olla de hierro para provocar el desprendimiento de alcohol; los vapores suben por el capitel, hasta llegar al serpentín donde se condensan, dando lugar al líquido espiritoso llamado tequila. Dependiendo del tipo de tequila que se desea obtener, se procede a una segunda destilación y al envejecimiento en barricas de roble, donde el tequila adquiere un color caramelo gracias a los taninos de la madera. La graduación alcohólica varía de 38 a 43 °GL. Esta bebida tiene denominación de origen controlado, ya que en ningún otro lugar se produce el tequila auténtico del agave azul Tequilana weber.

Clases de tequila

Blanco. Se almacena en tanques de acero inoxidable con agua desmineralizada, durante 15 días aproximadamente, lapso suficiente para permitir el enlace molecular del agua y el alcohol, conocido en la industria como *casamiento*.
Joven. Es una combinación de tequila blanco con reposado y/o añejo.
Reposado. Se coloca en pipones o barricas de encino blanco durante un periodo mínimo de dos meses.
Añejo. Reposa en barricas de encino blanco por un periodo mínimo de un año.

Las empresas productoras de tequila más importantes de México son: Tequila Cuervo, Sauza, La Madrileña, Orendáin, González, Cazadores y Herradura.

4. Grupo de whisky o bourbón

Originario de Escocia, aunque también se dice que es irlandés. El whisky surge del proceso de secar en tela de alambre sobre fuego y al aire libre la malta de cebada aún verde (con lo cual se obtendrá sabor a humo), fermentar y destilar el amasijo (jugo) y por último añejar éste en barricas de roble. En Canadá se le denomina *canadian club*, en Irlanda *whisky* y en Estados Unidos *bourbón*; éste, a diferencia de los famosos whiskys escoceses, no sabe a turba ni alquitrán, sino a carbón de madera y caramelo. En la actualidad tiene el estereotipo (con fines comerciales) de bebida para hombres con "clase". La elaboración del whisky es bastante compleja por someterse a un triple proceso de sacarificación (conversión en azúcar), fermentación y destilación.

Los ingredientes pueden ser cebada, centeno, trigo o maíz de acuerdo con la región donde se produzcan. De hecho, la producción del whisky es un arte; primero se hace la malta de cerveza, añadiendo agua al cereal para que germine; posteriormente se seca sobre fuego de turba, lo cual proporcionará el típico sabor ahumado. Después se muele y transforma en caldo. A continuación el mosto fermentado se destila en un doble proceso con un sencillo aparato de soplado. El destilado obtenido se destila nuevamente en un segundo alambique. Finalmente se hace la maduración en barriles de roble por lo menos durante tres años.

Algunas marcas escocesas conocidas son: *Johnnie Walker* (etiquetas roja, negra y azul), *Vat 69, Victoria Vat, John Haig, Black and White, Highland Queen, Buchanan's, King George* IV, *Chivas Regal, White Horse, Ballantine's, Old Parr.*

En la etiqueta de las botellas de bourbón estadounidense aparece casi siempre la denominación *straight* que significa puro o auténtico. El straight whisky se envejece en barriles de roble quemado por lo menos dos años.

Algunas marcas estadounidenses son: *Old Crow, Hunter, Four Roses, Schenley, Early Times, Old Forester, Seagram's 7 Crown,* Old Gran Dad, *Kinsey Gold Label, Jim Bean, Beam's Choice, Old Taylor, Jack Daniels, Old Fitzgerald, Old Charter, Old Hickory, I. W. Harper, Wild Turkey, Maker's Mark y Bourbon Supreme.*

El whisky canadiense no suele almacenarse durante más de dos años en barriles de roble fresco como el coñac. Las pérdidas por evaporación se compensan con el llenado de whisky nuevo. El whisky escocés tiene doble destilación; en cambio, el whisky irlandés tiene triple destilación y un mínimo de añejamiento de cinco años.

5. Grupo de brandy o coñac

Se dice que el brandy es el coñac español. Solamente los destilados procedentes de las regiones bien delimitadas de Cognac o Armagnac pueden llevar la etiqueta de coñac o armagnac. Los coñacs producidos en otros lugares que no sean los viñedos de la región de Cognac, en Francia, reciben el nombre de brandys. El coñac se produce a partir de variedades de uva blanca muy concentradas y siguiendo un procedimiento fijo de destilación estrictamente controlado. Su graduación alcohólica oscila entre los 3 a 42 °GL y su edad varía de cinco a 25 años; debe tener como mínimo, de cuatro a cinco años de añejamiento.

El brandy se fabrica del mismo modo que el coñac y su alcohol procede exclusivamente del vino. Según Albertson (1989), tiene como mínimo 38 % de alcohol. Su sabor depende de la variedad de uva utilizada en la preparación del vino que sirve de base y de las sustancias añadidas para tener como resultado un sabor suave, fuerte, jabonoso o aguardentoso.

El brandy jerezano se obtiene, en su mayor parte, de Holanda y alcoholes procedentes de La Mancha y Extremadura. No existen viñedos determinados para la elaboración de estos aguardientes. En la mayoría de los casos, son fruto de un gran excedente de uvas y mostos de calidades extraordinarias. Habitualmente se destila en lugares como: Tomelloso y Socuéllamos, en La Mancha, y en la localidad extremeña de Almendralejo.

El proceso de destilación de este aguardiente es sencillo, se procede a cocer el vino a temperatura alta y constante, de forma rápida. Por este sistema, utilizado en las grandes destilerías manchegas y extremeñas, se obtiene el aguardiente rectificado, no apto para envejecer y de muy alta graduación. Según Albertson (1989), el aguardiente de baja graduación alcohólica se obtiene mediante una destilación lenta y cuidadosa que se desarrolla en dos fases. Así como sucede con el coñac, para el brandy es muy importante el envejecimiento; cuanto más tiempo esté en los barriles de roble, tanto más intenso será su aroma y oscuro su color. La edad del brandy se descubre por medio de su suavidad, pues el alcohol, al envejecer largamente, se suaviza, sin perder por ello su fuerza o su carácter. El aroma de las cepas y del roble que le cobija hasta su madurez, se caracteriza por aumentar en intensidad y fragancia a medida que transcurre el tiempo.

Algunas marcas conocidas de coñac son: *Martell, Courvoisier, Bisquit Dubouché, Hennessy, Rémy Martin, Otard Dupuy, Briand, Camus, Polignac, Chateau Paulet, Salignac, Jérome Napoleón, Favraud, Prunier,* y *Roffignac.*

Las marcas de brandy conocidas son: *Brandy* 103, *Brandy Reserva Gran Capitán, Felipe* II, *El Duque de Alba, Espléndido, Soberano, Fundador, Carlos* III, *Carlos* I, *Marqués de Domecq, Magno, Cardenal Mendoza y Terry Centenario.*

6. Grupo de licores y cremas

El licor es una bebida de elevado contenido alcohólico sin mezclar, sin diluir y sin adulterar, impregnadas de aromas y sabores de frutas, hierbas y granos. La diferencia entre el licor y la crema es que esta última tiene un mayor grado de azúcar. Ambos se consideran excelentes digestivos, por ello son bebidas de sobremesa. Entre los licores, la graduación no debe ser inferior de 32 % en volumen. Fueron los franceses quienes descubrieron este complemento del aperitivo: unas gotas de alcohol que favorecen la digestión. Existen tres principales grupos, que son:

a) Licores amargos (secos): *Galiano, Anís Seco, Controy* y *Grand Marnier.*
b) Licores dulces: entre éstos se encuentra el anís dulce, *Frangelico, Licor* 43, *Midory* y en general todas las cremas.

c) Estomacales: son bebidas con acción estimulante del apetito y de la digestión. Se preparan a partir de extractos de hierbas aromáticas (árnica, valeriana, corteza de quinina, clavo, etc.) y suelen tener un sabor fuerte y amargo, semidulce. El mejor ejemplo es el *zambuca* (Albertson, 1989).

7. Grupo de champaña y espumosos

El champaña toma este nombre solamente si es producto de la región francesa así denominada. Para su preparación se requiere un tipo especial de uva, se elabora únicamente utilizando uvas negras de pulpa blanca (*Pinot, Noir, Meunier, Chardonnay*). A las uvas se les quita el hollejo y la semilla; la pulpa es prensada y se coloca en toneles, donde se produce la fermentación.

La vinificación del champaña es el producto de dos fermentaciones sucesivas, producidas por levaduras. La primera fermentación, se hace después de obtener el mosto y se realiza en toneles o cubas, igual que el vino blanco, hasta que el azúcar se transforma en alcohol. Esta fermentación se produce generalmente durante el invierno; luego se trasiega o se descuba varias veces hasta que está perfectamente claro. Al llegar la primavera, después de la degustación que determina el tipo de vino logrado; se procede a la composición de la cuvee, que consiste en mezclar vinos de diferentes regiones o de reservas de años anteriores, de forma tal que queda un vino equilibrado. Este proceso es muy importante ya que constituye el secreto de cada empresa fabricante de champaña (Flores, 1995). A este vino se le añaden levaduras seleccionadas y azúcar. Luego se embotella y se almacena en la cava durante 18 meses, a una temperatura de 12 °C; dentro de la botella se efectúa la segunda fermentación, produciéndose gas carbónico, por la acción de las levaduras sobre los azúcares. Después se guarda en cavas durante tres a cinco años antes de etiquetarlo, para enviarlo posteriormente al mercado.

8. Grupo de cervezas

La cerveza es una bebida preparada y fermentada, hecha a partir de malta (cebada germinada) y otros cereales, cuyo saborizante es el lúpulo (planta trepadora cuyo fruto se emplea para aromatizar la cerveza). Se dice que ésta se inventó en el año 3000 a. C. en Mesopotamia, pero se considera una bebida alcohólica nacional inglesa.

Cerveza es un término genérico que abarca a todas las bebidas de malta. Según el *Gran Atlas Mundial de la Cerveza* (1989), a las cervezas inglesas ligeras se les conoce como ales, de las cuales tenemos las siguientes variantes:

Ale. Elaborada de malta aromática y cereales para fabricación de cerveza, usualmente tiene mucho cuerpo y es más fuerte que la cerveza. La ale se fermenta a temperaturas más altas que la cerveza y las levaduras permanecen en el producto.

Stout. Ale muy oscura con fuerte sabor a malta, con gusto dulce y un fuerte sabor a lúpulo.

Porter. Ale que tiene una fuerte espuma. Para obtener un extracto alto se utiliza una malta muy oscura, más dulce y menos lupulosa que la cerveza regular. Se prepara como la cerveza oscura y fuerte pero ésta no lo es tanto.

Lager. Es brillante, ligera, con poco cuerpo, espumosa y efervescente; fabricada a partir de malta (en algunos casos preparada con cereales como granos de maíz o arroz) lúpulo y agua. El mosto resultante es fermentado y almacenado para que sedimente. Después de este periodo es carbonatada (su propio CO_2 es reunido y se le devuelve). Todas las cervezas estadounidenses son de tipo *lager.*

Pilsner. Es un término empleado universalmente en las etiquetas de cerveza clara en todo el mundo. La original y más famosa es la *Pilsner Urquell de Pilsen,* y la *Bohemia.*

Bock. Es una fabricación especial de cerveza pesada, un poco más dulce y oscura que la cerveza regular, se prepara en el invierno para comercializarse en la primavera. Ésta supuestamente anuncia la primavera y la estación de esta cerveza dura aproximadamente seis semanas.

Sake. Producido en Japón a partir de arroz. Es la refermentación con un contenido altamente alcohólico.

La cerveza es una bebida fermentada sin destilar, cuyos ingredientes son los siguientes:

Agua. Conforma de 85 a 89 % del producto final; empleada en cada etapa del proceso, influye mucho en sus características. El agua debe ser biológicamente pura y debe conocerse su contenido mineral; si contiene minerales que interfieran el proceso, hay que eliminarlos.

Malta. Cebada germinada para cerveza. En América se utiliza sólo la mejor; los fabricantes no la producen, pero la obtienen de empresas especializadas.

Lúpulo. Se utilizaba de manera generalizada hasta el siglo XIV. A partir de entonces se han empleado otras sustancias, pero resulta obvia la superioridad de su aroma.

Otros cereales. Pueden ser maíz y arroz.

La elaboración de la cerveza se somete al siguiente proceso:

a) Machacado. La malta se tamiza (cierne) para retirar cualquier sustancia o basura.

b) Mezclado. Para tal efecto se vacía a un tubo. Cuando se emplea cereal crudo, en el mismo tubo se cocina para gelatinizar o licuar el almidón. Los cereales preparados o precocinados no requieren de calor. La malta, los cereales y la cantidad apropiada de agua se mezclan y se cocinan el tiempo necesario para obtener la máxima extracción de materiales solubles.

c) Prensado. El experto determina durante esta operación la composición de la cerveza terminada.

d) Malteado. En este proceso los almidones se convierten en azúcares fermentados. Al terminar el batido, los sólidos se sedimentan (malta empastada).

e) Predigestión. El líquido, que ahora es mosto, fluye a través de este filtro natural y pasa a la tina-caldera; ahí, el lúpulo se agrega al mosto donde hierve alrededor de dos horas con el fin de que el mosto se esterilice y se evaporen el exceso de agua, las partículas extrañas y otros saborizantes. Por las altas temperaturas algunas sustancias insolubles se vuelven solubles (a esto se le llama *quiebre caliente*). Posteriormente se oscurece un poco debido a que se obtienen pequeñas cantidades de caramelización (azúcar quemada).

f) Colado. Después del quiebre caliente y de que el lúpulo ha hecho su trabajo, el mosto pasa a un colador para retirar el lúpulo.

g) Enfriado. Se enfría a 16 °F. La temperatura de fermentación dependerá del producto en fabricación (cerveza o ale). En el caso de la cerveza, la fermentación tendrá lugar a temperaturas bajas, entre los 37 y 49 °F; la ale se fermenta a temperaturas entre 50 y 70 °F.

h) Fermentación. Se añaden las levaduras, que también difieren según se trate de cerveza o de ale. La fermentación de la cerveza toma de ocho a 11 días; para la ale solamente son necesarios de cinco a seis días. En general la cerveza tiene un menor contenido de alcohol, la ale a su vez tiene un sabor más intenso a lúpulo. Durante la fermentación, el gas carbónico se extrae y se almacena para ser devuelto posteriormente.

i) Sedimentación. Al término de la fermentación, la mayor parte de las levaduras se sedimentan, la cerveza aún joven se vacía a una tina (filtración) en la que permanece a una temperatura, cerca del punto de congelación; así, las levaduras y otros sólidos que le darían una apariencia turbia se precipitarán por el proceso natural de sedimentación.

j) Reposo. Requiere de tres o cuatro meses aproximadamente. La cerveza inmadura desarrolla ciertos procesos químicos, los cuales la maduran y la hacen más agradable. Después se realiza una última filtración.

k) Empacado. Esto puede ser en barril, en lata y en botella. Los barriles de madera son recubiertos de una sustancia que mantiene a la cerveza fuera de contacto con la madera; los contenedores metálicos también son recubiertos, excepto en el caso del aluminio, el cual no afecta el sabor de ésta (si no está pasteurizada). La cerveza en lata y en botella se pasteuriza, destruyendo cualquier levadura que pudiera trabajar en contra del procedimiento normal de la cerveza (al formarse gas carbónico la lata o botella podría estallar). La pasteurización se realiza entre los 140 y 145 °F. Esa temperatura se mantiene durante 20 minutos y se enfría rápidamente (*Gran Atlas Mundial de la Cerveza*, 1989).

La cerveza en lata tiene una duración de cuatro meses y embotellada se extiende a seis meses aproximadamente. Por lo regular se mantiene en un envase oscuro a temperaturas bajas. Existe una clasificación internacional en inglés para los diferentes tipos de cerveza:

- *Pale*: ligera, de color pálido.
- *Stout*: muy oscura y fuerte.
- *Porter*: muy oscura, pesada y de sabor áspero.
- *Guiness*: oscura y ligera.

Conforme a estos tipos, el comensal ordena y clasifica según su gusto.

Pulque

Bebida fermentada sin destilación, originaria de México y de gran demanda en diferentes regiones del país. Se obtiene de la fermentación natural del aguamiel que se extrae en el raspado diario de la "piña" o corazón del maguey pulquero que es uno de tantos tipos de agaves o magueyes que existen en la República. En la época prehispánica, cuando el maguey común llegaba a cierta edad, se le cortaban las hojas más tiernas del centro hasta descubrir una cavidad en lo más profundo y grueso de la hoja; perforaban la piña e introducían un acocote (especie de calabaza larga, agujereada por ambos extremos) para extraer por succión el aguamiel de color blanco y sabor áspero, que guardaban en recipientes de madera en el que se fermentaba en menos de 24 horas. En la actualidad el proceso de extracción no ha variado, sólo que ahora en algunas comunidades le mezclan ciertas hierbas o frutas (comúnmente llamados "curados") para degustarlo como una bebida casera. Se considera una bebida muy sana, excelente diurético y remedio contra la diarrea.

9. Grupo de coctelería

El coctel es la mezcla que resulta de la combinación de licores con cualquier tipo de bebida gaseosa, leche, vino, jarabe, huevo, jugo, café y té, entre otros. Para hablar de coctelería es necesario y muy recomendable distinguir los diferentes productos que hacen posible que la coctelería exista, como son los mezcladores, aderezos y adornos.

El hielo tiene tres funciones principales en los cocteles:

1. Enfriar el líquido a la temperatura adecuada.
2. Dar mayor volumen a la bebida y reducir costos.
3. Mejorar la apariencia de la bebida.

Las bebidas siempre deben servirse sosteniendo la copa por el vástago y el vaso por la parte inferior. Debe usarse la blonda como base al depositar la copa o vaso en la mesa.

Tabla 4.2		
Mezcladores	*Aderezos*	*Adornos*
Bebidas o lácteos que no tienen alcohol (cantidad considerable que brinda el sabor más concentrado de la bebida)	Ingredientes necesarios que dan sabor y color al coctel (sólo gotas, poco)	Mejoran la apariencia del coctel exteriormente, no es parte del líquido a consumir
Bitters Crema de coco Consomé Crema Clara de huevo Granadina Helado Jugos Aguas y refrescos Etcétera	Azúcar Canela en polvo Clavo Extracto de vainilla Pimienta Sal Salsa inglesa Salsa tabasco Etcétera	Rodaja de naranja Media luna de limón Cereza Cebollita de Cambray Aceituna Espiral de naranja Paraguas de papel Agitador Etcétera

Ahora bien, para poder hacer cocteles y entender todo tipo de recetas es necesario conocer las medidas o conceptos más usados en la coctelería:

- 1 onza = 28.57 ml.
- 1 golpe (dash) = 3 gotas.
- 1 jigger (medidor) = 1.5 oz = 3 cucharadas de mesa (soperas).
- 1 caballito (pony) = 1.0 oz = 2 cucharadas de mesa (soperas).
- 1 pinta = 16 oz (dos tazas).
- 1 gill = 4 oz.
- 100 cl = 1000 ml = 1 litro.

Los cocteles más comunes, de acuerdo con el *Manual de capacitación para el cantinero de* CANIRAC (1985), son:

Cobblert. Coctel servido con limón y *Curaçao.*
Collins. Coctel con limón, soda y azúcar como base.
Cooler. Coctel servido con mucho hielo en un vaso alto.
Crusta. Bebida, ya sea en vaso o copa, que requiera de escarchar el borde con azúcar o sal y se introduce un espiral de cáscara de naranja o limón en el coctel.
Cups. Coctel servido con hielo en vaso ponchero.
Daisy. Coctel a base de limón y granadina.
Egg nogs. Coctel con leche y huevo como base.

Exotic. Para su presentación se utiliza la corteza de un fruto.

Fixes. Lleva limón rebanado en vaso alto, azúcar, cherry brandy.

Fizzes. Este coctel se sirve con jugo de limón, azúcar, y jarabe natural, batido en hielo. Se sirve en vaso alto.

Flip. Coctel con azúcar o jarabe natural, huevo o yema, licor y se bate.

Grogs. Son bebidas calientes (consomé, té, café, etc.).

High-ball. Hielo y soda en un vaso alto.

Julep. Lleva una ramita de menta fresca, azúcar o jarabe natural.

Old fashioned. Se sirve con azúcar saturada con angostura amargo, bourbon y soda.

On the rocks. Bebida con mucho hielo sin agregar agua.

Punch. Bebidas calientes a base de ron, naranja y otras frutas.

Slings. Lleva angostura amargo como base.

Sours. Estas bebidas se preparan con limón, azúcar o jarabe natural, jugo de naranja con licor deseado, bien batido.

Tragos largos. Son todas las bebidas que se preparan en los vasos grandes de refresco con cualquier producto: licores, vinos espumosos, destilados, jarabes, zumos de frutas, etc.; con muchos cubitos de hielo y abundante agua gaseosa o natural.

Zoom. Coctel a base de miel y crema.

En la obra *Bebidas famosas el mundo* (1988), se mencionan tres puntos importantes que deben tenerse en cuenta en la preparación de cocteles:

1. *Poner las medidas exactas.* El barman que haga el coctel deberá ajustarse a la receta del mismo, procurando poner las cantidades lo más justo posible. Si bien es verdad que aquel que se inicia en esta profesión encuentra dificultades hasta que logra el sentido de la medida que caracteriza a los buenos profesionales, con la práctica podrá lograrlo. El conocimiento del cristal donde se va a servir será de gran ayuda al momento de medir. No es recomendable el uso de medidores, ya que acostumbran al barman a emplearlo constantemente, perdiendo la facilidad característica del buen profesional.

2. *Darle el batido necesario.* La forma de batir, así como el tiempo de batido dependerá de los ingredientes, es decir, de su densidad.

3. *Presentación y decoración adecuada.* Cualquier motivo de decoración bien sea una guinda, una ramita de menta fresca o el borde de una copa escarchada harán del coctel una bebida sugestiva y agradable a la vista del cliente.

La terminología más utilizada en la preparación y servicio de cocteles es la siguiente:

Campechano: Refresco de cola con soda.

Presbiteriano: Ginger-ale con soda.

Up: Bebida fría sin hielo.

Mist: Bebida sobre hielo *frappé*.

Frozzen: Hielo en licuadora a punto de nieve.
Chaser (chaiser): Bebida para acompañar un trago derecho (soda).
Derecho: Bebida sin mezcla alguna.
En las rocas: Bebida servida sobre cubos de hielo.
Puesto: Bebida servida en vaso con hielo y la mezcla aparte.

La coctelería es una herramienta mercadológica de los establecimientos de venta de bebidas, ya que para muchos se ha vuelto un arte el preparar, servir y degustar la inmensa variedad de cocteles que en la actualidad gustan en los diferentes centros de consumo, ya sea desde un bar o cantina del centro de la ciudad hasta una discoteca o centro nocturno.

COPEO PARA CADA BOTELLA

El adecuado control que se le dé a cada botella resulta fundamental para aprovechar su rendimiento preciso, por lo que se recomienda emplear unas medidas denominadas 4 partes, 5 partes y 6 partes, o múltiplos de cualquier cantidad, de donde se origina la expresión "doble", "triple", etc. Esto se realiza en la venta de ron, ginebra, whisky y vodka. Otra medida es la que se conoce como *gill* (4 oz), especial para vinos, cuyas equivalencias, para el control de la botella, pueden ser:

- 3 partes de una gill = 1 $^2/_3$ oz (16 copas en una botella).
- 4 partes de una gill = 1 $^1/_4$ oz (21 copas en una botella).
- 5 partes de una gill = 1 oz (26 copas en una botella).
- 6 partes de una gill = $^5/_6$ oz (32 copas en una botella).

Se dice que una botella de vino tiene 26 $^2/_3$ onzas (75 centilitros) y rinde seis copas de vino bien servidas (con 4.3 oz o un promedio de una gill en cada copa). Los licores y las cremas tienen una capacidad de 70 a 75 centilitros. Existen variadas presentaciones que van desde los dos litros, un litro, 900 ml, 700 ml, 750 ml, etcétera.

Una guía que propone Lillicrap (1982) y que sirve para controlar más de cerca el rendimiento de una botella, es la siguiente.

1. Licores y cremas: 32 copas.
2. Licores fuertes: 26 a 30 copas.
3. Brandy: 16 copas.
4. Martini: 26 copas (variable).
5. Jerez: 16 copas.
6. Dubonnet: 16 copas.
7. Campari: 20 copas.
8. Vinos: 6 a 7 copas.
9. Champaña: 6 a 7 copas.
10. Aguardientes: 16 a 20 copas.

De acuerdo con la información proporcionada por el *Grupo Solera* de Puebla en 1995, el rendimiento en botellas de 750 ml es:

1. Licores y cremas: 12 copas.
2. Licores fuertes: 15 copas.
3. Brandy: 16 a 18 copas.
4. Martini: 18 a 20 copas (variable).
5. Jerez: 16 copas.
6. Dubonnet: 16 copas.
7. Campari: 20 copas.
8. Vinos de mesa: 6 a 7 copas.
9. Champaña: 6 a 7 copas.
10. Aguardientes: 16 a 20 copas.

El adecuado rendimiento de cada botella depende de la seriedad con que el barman sirva cada copa, así como el uso de las medidas apropiadas

RECONOCIMIENTO DE LAS BEBIDAS POR LAS SIGLAS DE SU ETIQUETA

El *Manual de capacitación para el capitán del comedor de CANIRAC*, (1985) describe las siglas y signos que contienen las etiquetas de algunas botellas de la siguiente manera:

- Una estrella (☆). Más de cinco años de añejamiento.
- Dos estrellas (☆ ☆). 10 años de añejamiento.
- Tres estrellas (☆ ☆ ☆). Más de 10 años de añejamiento.
- V.O. Muy viejo (*Very Old*).
- V.S.O. Superior muy viejo (*Very Superior Old*), 15 años de añejamiento.
- V.S.O.P. Superior muy viejo (*Very Superior Old Pale*), 20 años de añejamiento.
- V.V.S.O.P. (*Very Very Superior Old Pale*), más de 20 años de añejamiento.
- X.O. Extra viejo (*Extra Old*), más de 25 años de añejamiento.
- A.O.C. *Appellations D'Origen Controles* (denominación de origen controlado).
- V.D.Q.S. *Vins Delimites de Qualite Superienze* (vinos delimitados de calidad superior).

CARTA O LISTA DE VINOS Y LICORES

Es la relación formal de bebidas (medio informativo que describe aquellas con las que cuenta un establecimiento), como cocteles, aperitivos, vinos de mesa y digestivos nacionales e internacionales, que se sirven en un restaurante-bar. Los precios aparecen normalmente por copa, por media botella o por botella entera. En algunos restaurantes los vinos de mesa se venden por copeo, que se denomina de la casa.

Se dice también que es la relación de licores y aguardientes de acuerdo con la selección y existencia de cada establecimiento y en cuyo final se pueden agregar cervezas.

La carta de vinos promueve la venta de bebidas de una manera eficaz y debe estar acorde con las existencias. Su presentación debe ser oportuna. De no tener una marca solicitada, debe recomendarse algún equivalente en calidad y precio.

Según Albertson (1989), cuando los vinos, aguardientes y licores se sirven como complemento de una comida –es necesario tomar en cuenta las características de la bebida–, para servirla con los alimentos que armonizan mejor, a la temperatura óptima, ya sea como aperitivos, durante la comida o digestivos.

Orden de presentación

Existen normas para el servicio de bebidas, que aunque no son obligatorias, conviene que se tomen en cuenta, pues favorecen el servicio de los alimentos y de las bebidas mismas.

De acuerdo con el momento en que se sirven, las bebidas se clasifican en:

Aperitivos. Se sirven antes de la comida; pretenden estimular el apetito.
Vinos de mesa. Se sirven a lo largo de una comida, su aroma y sabor resaltan los de los alimentos.
Digestivos. Son aguardientes y licores que se sirven al final de la comida por sus cualidades digestivas.

No todos los establecimientos presentan su lista de vinos, sin embargo, se sugiere que la carta presente el siguiente orden:

1. Aperitivos.
2. Vinos de mesa.
3. Vinos espumosos.
4. Champañas/sidras.
5. Licores.
6. Coñacs.
7. Whiskys.
8. Ginebras.
9. Vodkas.
10. Brandys.
11. Rones.
12. Cervezas.

Todo restaurante es libre de elegir los vinos y marcas que van a integrar su lista de vinos y licores, principalmente por la demanda (gustos, exigencias o deseos) que se tenga en el establecimiento. Conforme a su "estilo" los restaurantes presentan sus vinos y licores, así como las bebidas de la casa o de temporada.

En otros establecimientos se acostumbra enumerar:

1. Cocteles.
2. Whiskys.
3. Ginebras.
4. Vodkas.
5. Tequilas.
6. Jerez.
7. Oportos.
8. Cervezas.
9. Licores/cremas.
10. Champañas.
11. Vinos de mesa.
12. Coñacs.

En cada una de las cartas debe especificarse el precio por copeo y por botella, para cumplir con la presentación apropiada, además de la marca original del producto con el año, el viñedo y la casa fabricante.

Por tradición, el orden de la carta empieza con los vinos y licores nacionales y posteriormente los importados, como se muestra a continuación:

1. Vinos aperitivos.
2. Aperitivos.
3. Cocteles.
4. Tragos largos.
5. Licores.
6. Rones.
7. Ginebras.
8. Vodkas.
9. Whiskys ingleses, escoceses, irlandeses, canadienses y americanos.
10. Brandys.
11. Coñacs.
12. Cremas y licores.

En la figura 4.17 se presenta una carta de bebidas:

Aquí se presentan varias bebidas entre muchas otras que pueden ofrecerse en cada carta, lo cual depende del establecimiento y la variedad de las mismas. Si el establecimiento lo acostumbra, presentará una lista con la diversidad de bebidas que vende por botella cerrada, incluyendo el hielo, que podrá servirse continuamente. Para que el servicio sea completo deben ofrecerse sodas y colas, las cuales tendrán un costo adicional.

CARTA DE BEBIDAS

Vinos

St. Emilion	$	Chianti	$
Marqués del Riscal	$	Liebfraumilch (Blanco)	$
Open Heimer (Blanco)	$	Calafia	$
Cavernet Savignon	$	Blanc de Blancs	$

Tequilas

Tres Generaciones	$	1800 Sauza	$
Cazadores	$	Jimador	$
100 años	$	Reposado Hornitos	$
Herraduras	$	203 Tradicional José Cuervo	$

Cocteles

Tom collins:	Jugo de limón, ginebra, mineral, miel	$
Manhattan:	Angostura, Cinzano, bourbon	$
Whisky sour:	Jugo de limón, Scotch Whisky	$
Daiquirí:	Jugo de limón, ron	$
Alexander:	Coñac, cacao, crema de leche	$
Pink Lady:	Jugo de limón, ginebra, granadina.	$
Medias de seda:	Ron, cacao, crema de leche, granadina	$
Cherry flip:	Jerez, huevo	$
Conga:	Jugo de naranja,limón,ron,piña,granadina	$
Cuba libre:	Ron, refresco de cola	$
Bloody Mary:	Vodka, jugo de tomate	$
Gin fizz:	Ginebra, limón, clara de huevo	$
Golden fizz:	Ginebra, limón, yema de huevo	$
Sherry fizz:	Jugo de limón,clara de huevo, jerez,miel	$
Gin tonic:	Gin Gordon, limón, agua tónica	$
Vodka martini:	Vodka, Noilly Prat	$
Vodka tonic:	Vodka, limón, agua tónica	$
Vodka collins:	Jugo de limón, mineral, vodka	$
Sangría:	Limón, agua mineral, vino tinto	$
Beso de ángel:	Cacao, crema de leche, ron	$
Margarita:	Tequila, limón, triple seco	$
Ruso negro:	Vodka, crema de café	$

Figura 4.17. Carta de bebidas.

Rones

Appleton	$	Potosí	$
Bacardí blanco y añejo	$	Bacardí carta de oro	$
La negrita	$	Solera	$
Havana tres y cinco años	$	Antillano	$

Whiskys

Old Grand Dad	$	Old Taylor	$
Johnnie Walker (Etiqueta roja)	$	Old Parr	$
Johnnie Walker (Etiqueta negra)	$	Chivas Regal	$

Brandys

Terry	$	Fundador	$
Napoleón	$	Quijote	$
Centenario	$		

Cervezas

Lager	$	Bohemia	$
Superior	$	Sol	$
Carta Blanca	$	Corona	$
Negra Modelo	$		

Licores

Cassis	$	Anís del mono	$
Benedictine	$	Crema de menta	
Jerez Tío Pepe	$	verde y blanca	$
Grand Marnier	$	Dubonnet	$
Coñac Courvoisier	$	Cherry	$
Amareto	$	Campari	$
Kahlúa	$	Galliano	$

Figura 4.17. (*Continuación.*)

5 Controles en restaurante y bar

El adecuado control en un establecimiento de alimentos y bebidas es de gran importancia, para lograr el máximo beneficio en los ingresos. Dicho control varía entre establecimientos, ya que éstos ofrecen servicios diferentes como son banquetes, comedor, bar, venta directa de barra, etc.; sin embargo, según el servicio deben satisfacer las necesidades particulares de cada lugar.

El sistema de control que se aplique depende de la gerencia como de la capacitación e instrucción proporcionada al personal para su óptimo funcionamiento.

COSTOS

De acuerdo con Youshimatz (1989), los costos en general se dividen en tres grupos:

1. Costos de ingredientes (directos: materia prima).
2. Costos de mano de obra (sueldos, horas extras, nómina, etc.).
3. Otros costos (gastos indirectos: luz, agua, gas, renta, teléfono, etc.).

En algunos establecimientos se les denomina de otra manera, pero son prácticamente los mismos:

1. Costos de ingredientes (materia prima).
2. Costos de no ingredientes (utensilios, equipo para trabajar, de limpieza, luz, agua, gas, mano de obra o nómina).
3. Otros gastos (renta, impuestos, publicidad y propaganda).

Costos de ingredientes + Costos de no ingredientes + Otros costos = Costo de producción + utilidad = precio de venta.

Es obvio que los costos varíen en cada negociación y que cada sistema de costos aplicado sea diferente de otros, por lo que aquí tratará de explicarse un sistema generalizado, que podrá compararse con otros teóricos, como los que cada persona aplica en su establecimiento, para apreciar sus ventajas y desventajas.

COSTO POR PORCIONES Y POR COPEO

Para determinar el costo correcto de alimentos y bebidas, ya sea en porciones o copas, hay que tener en cuenta, independientemente de los conceptos analizados con anterioridad, los siguientes puntos:

1. Lista de precios actualizados.
2. Receta estandarizada.
3. Porcentaje de utilidad esperado.
4. Porcentaje de costos manejado.
5. Precio de venta.
6. Porciones.

Ahora bien, se recomiendan dos diferentes formatos para fijar el costo de las recetas por porciones o por copeo. La diferencia principal entre ellos es que en uno se aplica una fórmula para obtener un valor real tomando en cuenta el porcentaje de utilidad deseada, y en el otro se desglosa por columnas, incluso el impuesto de cada producto, y después se agregan todos los gastos y la utilidad.

Fórmula de *valor real*:

Precio original $\times 100 \div$ Porcentaje aprovechable

Por lo regular, en este formato se incrementan los siguientes conceptos dentro de la receta:

1. 20 % de gastos indirectos (gas, luz, utensilios, etc.).
2. 5 % de guarnición (condimentos y especias que resultan difíciles de cuantificar, por ejemplo: media luna de limón, naranja o piña).

La tabla 5.1 muestra el segundo formato con la receta de una porción de Chuletas a la Chargutiere.

Tabla 5.1

Nombre del plato: *Chuletas a la Chargutiere*
Número de porciones: *Una*   Fecha: _____

Producto	Cantidad	Precio por kilogramo ($)	Precio unitario	Medida estándar
Chuleta de cerdo	200 g	20.00	4.00	kg
Tocino	50 g	20.00	1.00	kg
Cebolla	25 g	5.00	0.125	kg
Ajo	15 g	20.00	0.30	kg
Jamón	50 g	25.00	1.25	kg
Puré de jitomate	100 g	6.00	0.75	800 g
Aceitunas	100 g	10.00	1.54	650 g
Vino tinto	10 ml	9.00	0.12	750 ml
Crema	10 ml	7.00	0.074	940 ml
Azúcar	10 g	2.50	0.025	Bulto/kg
Mantequilla	10 g	4.00	0.08	500 g
Perejil	Manojo/5 g	4.00	0.02	Manojo/pieza
Especias	Pizca/5 g	21.00	0.105	kg
Subtotal			$9.389	

Costo	25 %	$9.389	
Gastos incluidos	25 %		
Otros	25 %		
Utilidad	25 %	$37.56	
Precio de venta		$37.50	

Ambos formatos se adaptan para determinar el costo de copa por botella o de bebidas preparadas, sólo que al aplicar la fórmula de valor real se aumentará:

- 20 % de gastos indirectos.
- 5 a 8 % de *cortesías* (decoración de cada bebida).

A continuación se presenta un sistema para la determinación de costos que siguen algunos establecimientos:

Sistema de determinación de costos para restaurante

Ejemplo 1

Nombre del plato: *Carne a la tampiqueña*

Fecha: _____

Número de porciones: 1 porción

Cantidad	Unidad	Artículo	Precio ($)	Unidad	Costo ($)
250	g	Filete	35.00	kg	8.75
200	ml	Aceite	18.00	ℓ	3.60
2	pieza	Tortilla	4.00	kg	0.20
50	g	Papas	3.50	kg	0.17
50	g	Frijoles	8.00	kg	0.40
50	g	Aguacate	6.00	kg	0.30
75	g	Cebolla	2.00	kg	0.15
50	g	Tomate	10.00	kg	0.50
20	g	Chile poblano	15.00	kg	0.30

	14.37
	+
20 % gastos indirectos	2.914
5 % guarnición	0.728
	$ 18.01

Costo total de los alimentos

Costo de los alimentos por ración	$ 18.01
Beneficio bruto	60 %
Precio de venta de la ración	$ 45.02
Precio a cobrar	$ 45.00

NOTA: Aplicamos la fórmula de valor real: 18.01 × 100 ÷ 40 = 45.02.
40 % = $ 18.21 (porcentaje aprovechable).
60 % = $ 45.52 es lo que deseamos obtener; estas cantidades pueden redondearse.

Ejemplo 2

Nombre del plato: *Sopa juliana*

Número de porciones: 20 porciones

Cantidad	Unidad	Artículo	Precio ($)	Unidad	Costo ($)
500	g	Calabaza	4.00	kg	2.00
500	g	Zanahoria	5.00	kg	2.50
6	pieza	Elote	1.00	pieza	1.00
250	g	Ejote	6.00	kg	1.50
250	g	Chícharo	8.00	kg	2.00
500	g	Papa	3.50	kg	1.75
500	g	Chayote	4.00	kg	2.00
200	g	Cebolla	5.00	kg	1.00
1	kg	Jitomate	13.00	kg	13.00
100	ml	Aceite	18.00	ℓ	1.80
Indirecto	-	Consomé	Indirecto	-	-
1	manojo	Espinaca	4.00	manojo	4.00
1	pieza	Poro	2.00	pieza	2.00
10	g	Ajo	18.00	kg	0.18

Subtotal		34.73
20 % gastos indirectos		6.95
5 % condimentos y especiales		+ 1.74
		$ 43.42

Costo total de los alimentos	$ 43.42
Costo de los alimentos por porción	$ 2.20
Beneficio bruto (%)	60 %
Precio de venta de la ración	$ 5.43
Precio a cobrar	$ 6.00

Fórmula de valor real = Precio original o costo de alimentos × 100 ÷ Porcentaje aprovechable
43.42 ÷ 20 porciones = 2.20 × 100 ÷ 40 = $ 5.43   Redondeado: $ 6.00

Un sistema más sencillo que aplican en algunos restaurantes es el siguiente:

Ejemplo 3

Fecha: _____

Nombre del plato: *Pollo a las brasas*

Cantidad	Unidad	Artículo	Precio ($)	Unidad	Costo ($)
600	g	Pollo crudo	20.00	kg	12.00
10	ml	Aceite	18.00	ℓ	0.18
1	g	Pimienta	40.00	kg	0.40
1	g	Sal	5.00	kg	0.10
Porción					12.68

Es recomendable que se afecte directamente con $ 0.10 cada uno de los artículos difíciles de contabilizar (gotas, pizca, chorrito, unidades de especias, etc.). Para tener control de nuestro estado financiero y de esta manera aplicar la fórmula de costo real, debemos tomar en cuenta los aspectos siguientes:

Ventas	100 %
Costos	33 % (De 28 a 37 %)
Gastos	%
Utilidad o pérdida	

Para determinar el precio, aplicamos en este caso (y es siempre lo más recomendable) 33 % del rango propuesto (no menos de 28 % y no más de 37 %) de costos:

$ 12.68	33 %
X	100 %

Si $ 12.68 es un costo de 33 % recomendable. ¿En cuánto lo debo vender para obtener utilidad y cubrir los gastos totales?

$ 26.33 precio de venta + IVA = $ 30.28 (30.30)

Sistema de determinación de costos para bar

Ejemplo 1

Nombre de la bebida: *Coctel margarita*

Número de porciones: 1

Cantidad	Unidad	Artículo	Precio ($)	Unidad	Costo ($)
1.5	oz	Tequila	30.00	750 ml	1.71
1.0	oz	Triple sec.	28.00	750 ml	1.07
2.0	oz	Jugo de limón	5.50	1 kg	0.71
2.0	cubos	Hielo	10.50	5 kg	0.20
		Sal	5.00	250 g	0.10
					3.79
		Gastos indirectos (20 %)			+ 0.76
		Cortesías (5 %)			0.19
		Costo total de bebida			4.74

Costo de la bebida por porción: $ 4.74
Beneficio bruto: 60 %

$$\frac{\text{Costo} \times 100}{40} \quad \frac{4.74 \times 100}{40}$$

Precio de venta de la bebida: $ 11.85
Precio por cobrar: $ 12.00 + IVA

Ejemplo 2

Nombre de la bebida: *Planter punch*

Número de porciones: 1

Cantidad	Unidad	Artículo	Precio ($)	Unidad	Costo ($)
2	oz	Ron oscuro	40.00	l	2.29
1	oz	Granadina	19.00	l	0.54
2	oz	Jugo de naranja	13.00	l	0.74
2	oz	Jugo de limón	5.50	kg	0.66
2	cubos	Hielo	10.00	5 kg	0.20
					4.43
		Gastos indirectos (20 %)			+ 0.89
		Cortesías (5 %)			0.22
		Costo total de bebida			5.54

Costo de la bebida por porción: $ 5.54
Beneficio bruto: 60 %

$$\frac{\text{Costo} \times 100}{40} = \frac{5.54 \times 100}{40}$$

Precio de venta de la bebida: $ 13.85
Precio a cobrar: $ 14.00 + IVA

Ejemplo 3

Con el tercer método que llamaremos *precio directo*, el costo corresponde a 25 % y se tendrán tres partes iguales para aplicar de la siguiente forma:

Bebida: *Planter punch*

Fecha: _____

Costo de bebida	$ 2.86	(25 %)
Gastos		(25 %)
Otros		(25 %)
Utilidad		(25 %)
Precio de venta de la bebida	$ 11.32	

Ejemplo 4

Nombre de la bebida: *Coctel margarita*
Número de porciones: 1

Cantidad	Unidad	Artículo	Precio ($)	Unidad	Costo ($)
1.5	oz	Tequila	30.00	750 ml	1.71
1.0	oz	Triple sec.	28.00	750 ml	1.07
2.0	oz	Jugo de limón	5.00	kg	0.71
2.0	cubos	Hielo	10.00	5 kg	0.20
		Sal	5.00	250 g	0.10
					$ 3.79

Estado financiero:

Venta   100 %

_____

_____

_____

Costo   33 % (de 28 a 37 %)

_____

_____

_____

Gastos   %

_____

_____

_____

Utilidad o pérdida _____

_____

Determinar el precio de la bebida:

$ 3.79   33 %
X   100 % $X = \$ 11.48$ (+ IVA)

FÓRMULAS GENERALES
Y ESTANDARIZACIÓN DE RECETAS

En estos ejercicios se proporcionan datos y equivalencias necesarias para llevar a cabo la aplicación de recetas en cocteles, principalmente.

- 100 cl = 1000 ml
- 1 oz = 28.57 ml
- 750 ml = 26.25 oz
- 1000 ml = 35.01 oz
- 100 cubos de hielo = 5 kg = $ 10.50
- 15 limones tipo "B" = 1 kg = $ 5.00
- 9 naranjas tipo "B" = 1 kg = $ 8.00
- 1 limón = 1 oz de jugo
- 1 naranja = 3 oz de jugo

Primer método

$$\text{Valor real} = \frac{\text{Costo} \times 100}{\text{Porcentaje}}$$

Segundo método

Costo real = 33 % directo en estado financiero.

$$\text{Costo} = 33\ \%$$
$$X = 100\ \%$$

Tercer método

Precio directo = 25 % de su costo por tres o cuatro partes iguales.

Costo	(25 %)
Gastos indirectos	(25 %)
Otros/fijos	(25 %)
Utilidad	(25 %)
	100 %

Consideramos que estos métodos son los más fáciles de aplicar, por lo cual se recomienda a las personas interesadas en el tema.

COSTEO DE CARTA

Cada establecimiento es libre de adoptar cualquier método o sistema para fijar costos, lo importante es que por temporadas o por un determinado periodo se apliquen (se determine el costo de cada receta y porción) para actualizar los precios o mantener un margen aceptable que respalde las variantes en el mercado de materias primas y evitemos así el cambio constante de nuestra carta.

El margen de respaldo recomendado es de 10 a 20 %, que ya está considerado en uno de los cuatro tipos o conceptos de gastos, al cual se llamará amortiguador o respaldo y responderá a cualquier incremento de los productos. Por eso también se sugiere contar con alimentos por estación especificados en la carta.

CONTROL DEL BAR Y BODEGA

En un bar, restaurante-bar o establecimiento de alimentos y bebidas, el control del consumo debe ser llevado por el capitán, el mesero o el barman en forma apropiada para que el valor de bebidas o platillos se carguen a la cuenta del cliente que solicitó el servicio. Resulta obvio que debe llevarse un registro de todos los platillos y bebidas que salgan. Esto deja todas las operaciones claras ante el gerente o asesor financiero del establecimiento, que a su tiempo nos hará conocer la utilidad o pérdida.

El sistema más común de control es el talonario de registro (comandas) por duplicado, y se recomienda que el de comedor (alimentos) como el de bar sea de diferente color, para que se lleve a cabo un buen control de ambos.

El encargado de bodega es el responsable de revisar cada pedido que llegue y comprobar su fecha de caducidad, temperaturas de conservación y estado de cada producto. La secuencia en el control de la bodega y el bar aparece en la figura 5.1. En las figuras 5.2 a 5.6 se muestran algunos formatos utilizados para el control de bodega y bar.

El área de bodega se encarga de que exista todo lo necesario para dar un buen servicio, el responsable debe aplicar diferentes métodos para lograr su cometido y proveer cada solicitud, en otras palabras, debe:

1. Verificar el buen estado de cada producto que llega y clasificarlo.
2. Elaborar un reporte (solicitud de compra) para tener una existencia determinada. En la figura 5.7 se muestra un diagrama de flujo de los procesos que sigue un pedido de alimentos y bebidas.
3. Ordenar la salida de productos mediante una requisición del bar, cocina o comedor. De esta manera se tendrá control de cada venta. En las figuras 5.8 a 5.10 se muestran diferentes formatos de requisición.
4. Actualizar diariamente las tarjetas de existencia de cada producto (cárdex). O bien, adoptar en su computadora un programa *coi* o *sai*, así como los sistemas de punto de venta electrónico y manejo de inventarios.

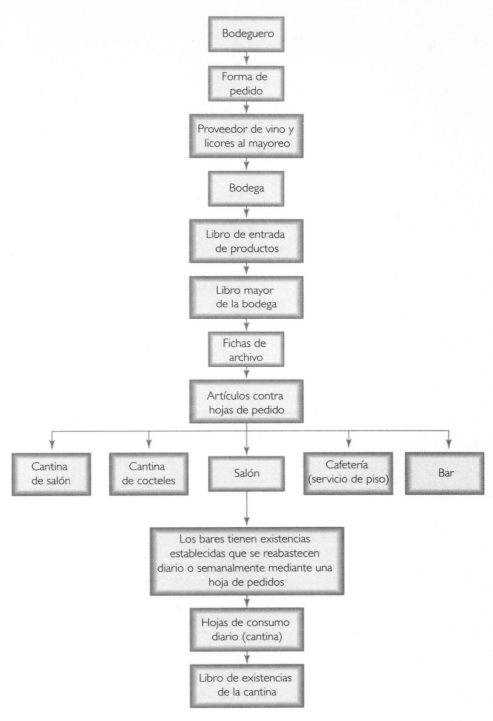

Figura 5.1. Diagrama de control de la bodega y el bar.

OPERADORA DE LOS ALBA*
AV. HERMANOS SERDAN #141 COL. AMOR

OAL820920MG2

REPORTE DE SALIDAS POR CENTRO DE CONSUMO

==\===

BAN BAR DELOS ANGELES   5001002

ABARROTES

001085	JUGO DE TORONJA (PZA 1 LTO)	3.00	8.59	25.79
001147	JUGO DE PINA (PZA 1 LTO)	3.00	8.60	25.80
	Total de la Linea	6.00		51.59

BRANDIS

102006	FUNDADOR	1.00	111.39	111.39
	Total de la Linea	1.00		111.39

DIGESTIVOS Y CREMAS

104043	JARABE NATURAL	5.00	13.77	68.87
	Total de la Linea	5.00		68.87

REFRESCOS

111001	COCA COLA LIGHT	1.00	87.82	87.82
111007	COCA COLA LATA	7.00	78.26	547.82
111010	PEPSI LIGHT LATA	2.00	63.52	127.04
111015	TEHUACAN LATA	6.00	63.47	380.86
	Total de la Linea	16.00		1.143.55

CERVEZAS

112001	CORONA EXTRA (20 PZAS CAJA)	3.00	60.87	182.61
112002	NEGRA MODELO (12 PZA CAJA)	1.00	52.19	52.19
	Total de la Linea	4.00		234.80
	Total del Centro de Consumo	32.00		1.610.22

Figura 5.2. Reporte de salidas de bar.

PLU LIST

Terminal: 107

PLU	DESCRIPTION	PRICE	REV
2908	3 GENERACION	51.30	3
2910	3 MAGUEYES R	29.57	3
2104	501 ET NEGRA	24.35	3
2113	501 ETIQ AMA	21.74	3
2921	7LEGUAS BCO	26.09	3
2922	7LEGUAS REP	29.57	3
3005	ABSOLUT AZUL	36.52	3
3001	ABSOLUT CITR	40.87	3
2218	AGUA EVIAN	15.65	3
2207	AGUA HOTEL	9.57	2
2219	AGUA PERRIER	21.73	3
1502	ALAMBRE CAMA	97.39	1
4501	ALBARIÑO	369.57	6
4201	ALELLA MARFI	306.96	6
2937	ALTEÑO REP	27.83	3
2503	AMARETO DISA	41.74	3
2525	AMARETO GALE	33.04	3
2009	AMARGO VALET	19.13	3
1901	ANIS MONO D	35.65	3
2929	ANTAÑO AÑEJO	104.35	3
2812	APPLETON BCO	29.57	3
2813	APPLETON SPE	32.17	3
2814	APPLETON STA	39.13	3
1407	ARRACHERA R	80.87	1
1904	ASTURIANA D	39.13	3
1903	ASTURIANA S	39.13	3
2114	AZTECA DE OR	30.43	3
1803	B.ADULT CENA	89.57	1
5105	B.DE.BLA 1/2	71.30	6
905	B.DES MX.NIÑ	61.74	1
904	B.DES. NIÑOS	61.74	1
1804	B.NIÑO CENA	55.65	1
1802	B.NIÑO COMID	78.26	1
2803	BACARDI AÑEJ	29.57	3
2804	BACARDI BCO	27.83	3
2807	BACARDI LIMO	30.43	3
2517	BAILEYS	46.09	3
3109	BALLANTI 12A	63.48	3
3110	BALLANTI FIN	38.26	3
2702	BEAFETER	41.74	3
2521	BENEDICTINE	24.35	3
3203	BENSON DORAD	25.22	5
3204	BENSON MENTO	25.22	5
5358	BEUJOLAIS	133.04	6
2913	BICOLOR PORF	110.43	3
406	BISQUETS	14.78	1
1003	CHALUPAS POB	25.22	1
5372	CHARD. BCO	251.30	6
3502	CHARDONAY LC	302.61	6
3504	CHARDONAY MX	331.30	6
2512	CHARTREUSE A	72.17	3
3505	CHATEAU BOM	252.17	6
3406	CHATEAU DOMT	306.96	6
5359	CHATENUF 1-2	163.48	6
2513	CHATREUSE VE	72.17	3
5302	CHENIN B CET	106.96	6
711	CHILAQUILES	40.00	1
1906	CHINCHON D	25.22	3
1905	CHINCHON S	25.22	3
3103	CHIVAS REGAL	62.61	3
803	CHOCOLATE	17.39	1
2002	CINZANO DUL	26.09	3
2010	CINZANO ROJO	26.09	3
2007	CINZANO SECO	26.09	3
2216	CLAMATO C/B	48.70	3
2215	COCT. IMP.	42.61	3
2214	COCT. NAL.	30.43	3
2518	COINTREAU	46.09	3
2901	CONMEMORATIV	32.17	3
1701	CONSOME JR	19.13	1
1305	CONSOME POLL	27.83	1
2519	CONTROY	24.35	3
2206	COPA DE VINO	26.09	3
1402	CORAZON FILE	84.35	1
2310	CORDON BLUE	152.17	3
2927	CORRALEJO RE	33.91	3
2308	COURVO VSOP	90.43	3
2309	COURVO XO	89.57	3
1302	CREMA ALCACH	29.57	1
3304	CRISTAL	2812.17	6
401	CROISS C/MER	24.35	1
402	CROISS J.Y O	29.57	1
3226	CRUZ R. 2	54.78	5
3229	CRUZ R.19	60.00	5
3231	CRUZ R.25	59.13	5
3232	CRUZ R.28	84.35	5
5369	CSUV. TTO	197.39	6
5368	CSV.RV. ESP	393.91	6
4907	CUNE 1/2	128.70	6
5338	CUNE RVA.	348.70	6
3101	CUTTY SARK	37.39	3
4601	D SUERO R 82	387.83	6

Figura 5.3. Reporte diario de consumo del bar.

203

```
07/18/100                    13:0

     CASHIER TENDER REPORT

     #820: ROBERTO MACHORRO

TENDERED CHECKS              136

        **************

CASH COLLECTED          11958.97
 - CHANGE GIVEN          3634.65
 - TIPS PAID OUT          977.29

= COMPUTED CASH          7347.03


CARGO HOTEL             14601.26
AMERICAN EXP              809.00
VISA                      844.71
MASTERCARD                117.00
DINNERS CLUB                0.00
BANAMEX                     0.00
BANCOMER                    0.00
DEBITO                      0.00
SOCIOS                      0.00
EJECUTIVOS                124.02
CXCOBRAR                    0.00

TOTAL TENDER            23843.02

    ** END OF REPORT **
```

Figura 5.4. Corte de caja de bar.

```
                    OPERADORA DE LOS ALBA

                    REQUISICION DE MERCANCIA

DEPARTAMENTO :                              PEDIDO :101

            FECHA DEL PEDIDO 00/07/07   ENTREGAR EL    00/07/08

    COMENTARIO 1
    COMENTARIO 2
    COMENTARIO 3

    CODIGO      DESCRIPCION              CANTIDAD SOLICITADA

    100001    ANIS DEL MONO DULCE              6.00
    100004    ANIS ASTURIANA DULCE             6.00
    101003    DUBONET                          6.00
    102001    DON PEDRO 3/4                   24.00
    102003    MAGNO                           12.00
    102006    FUNDADOR                        12.00
    102007    TERRY                           12.00
    102009    TORRES 10                       12.00
    102012    CARDENAL DE MENDOSA              3.00
    102014    DUQUE DE ALBA                    2.00
    103001    MARTELL V.S.O.P.                 6.00
    103003    REMY MARTIN V.S.O.P.             4.00
    103005    HENNESYS PARADYS                 1.00
    103006    COURVOSIER V.S.O.P.              4.00
    103010    HENNESYS XO                      3.00
    104015    STREGA                           4.00
    104023    ROMPOPE                         12.00
    104036    MENTA VERDE HENRI VALET          6.00
    104043    JARABE NATURAL                  96.00
    105008    OPORTO FERREIRA                  8.00
    107006    HABANA CLUB BCO.3 ANOS           4.00
    107007    HABANA CLUB 7 ANOS               6.00
    107009    RON NEGRITA                      5.00
    107014    APLETON WHITE                    6.00
    107015    APLETON SPECIAL                 12.00
    107016    APLETON STATE                    6.00
    108008    HERRADURA REPOSADO LTO          24.00
    108013    DON JULIO                       12.00
    108033    JIMADOR                         12.00
    110002    BUCHANAS                        12.00
    110003    CHIVAS REGAL                    12.00
    110004    J.W.ETIQUETA NEGRA              12.00
    110005    J.W.ETIQUETA ROJA               12.00
    110012    DANIELS                          6.00
    132004    CRISTAL                          2.00
    133011    NEBBIOLO 3/4                    12.00
    134012    FUME BLANC LA CETTO 3/4         24.00
    135004    GRAN CORONAS ETIQUETA BLANCA 1/ 12.00
    135042    MONTEREAL 3/4                   12.00
    135045    PESQUERA COSECHA 88 3/4         12.00
    135046    PESQUERA RESERVA 87 3/4         12.00
    136031    BLANC DE BLANC B.G. 3/4         24.00
    137004    MARQUES DE CACERES 3/4          12.00

-----------------------   -----------------------

SOLICITO JEFE DE ALMACEN        AUTORIZO         RECIBI COMPRAS
```

Figura 5.5. Requisición de mercancía.

EVENTOS

REQUISICION ALMACEN _____ CONTROL DE PEDIDO _____ **No.** 0233

DEPARTAMENTO SOLICITANTE _____ **FECHA** _____

CANTIDAD PEDIDA	UNIDAD	ARTÍCULOS	CANTIDAD SURTIDA	COSTO	TOTAL

ENTREGADO POR _____ **JEFE DEPTO.** _____ **RECIBIDO POR** _____

Figura 5.6. Formato de requisiciones de almacén.

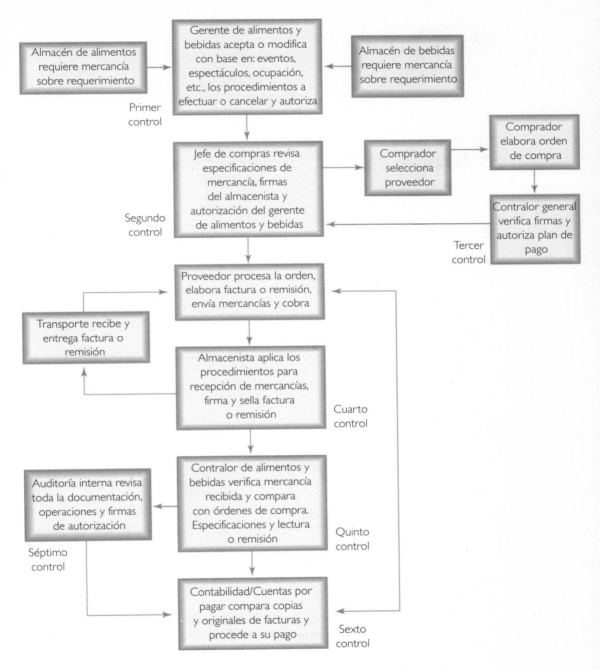

Almacén de alimentos requiere mercancía sobre requerimiento

Gerente de alimentos y bebidas acepta o modifica con base en: eventos, espectáculos, ocupación, etc., los procedimientos a efectuar o cancelar y autoriza

Almacén de bebidas requiere mercancía sobre requerimiento

Primer control

Jefe de compras revisa especificaciones de mercancía, firmas del almacenista y autorización del gerente de alimentos y bebidas

Comprador selecciona proveedor

Comprador elabora orden de compra

Contralor general verifica firmas y autoriza plan de pago

Segundo control

Tercer control

Proveedor procesa la orden, elabora factura o remisión, envía mercancías y cobra

Transporte recibe y entrega factura o remisión

Almacenista aplica los procedimientos para recepción de mercancías, firma y sella factura o remisión

Cuarto control

Auditoría interna revisa toda la documentación, operaciones y firmas de autorización

Contralor de alimentos y bebidas verifica mercancía recibida y compara con órdenes de compra. Especificaciones y lectura o remisión

Quinto control

Séptimo control

Contabilidad/Cuentas por pagar compara copias y originales de facturas y procede a su pago

Sexto control

FUENTE: Alfredo Youshimatz, Control de costos de alimentos y bebidas, Diana, México, 1989, p. 65.

Figura 5.7. Diagrama de flujo que sigue un pedido de alimentos y bebidas.

HOTEL CROWNE PLAZA   15/07/00
AV. HNOS. SERDAN No. 141
TEL.:(2) 2 13 70 26 CLEMENT.   DIA DE PAGO VIERNES DE 16:00 A 17:00P.M.

FAX .(2) 2 13 70 27 MARCE

				ORDEN DE COMPRA		JL.0029
PROVEEDOR				Favor de Expedir su factura a nombre de:		
DELI DE PUEBLA S.A. DE C.V.				OPERADORA DE LOS ALBA S.A. DE C.V.		
ATN.				R.F.C. OAL 820920 MG2		
NO.PEDIDO	ALMACEN ALMACEN DE A Y B		CONDICIONES DE PAGO ENTREGAR EN ALMACEN DE		AUTORIZACION	
CODIGO	CANTIDAD	UNIDAD	CONCEPTO		UNITARIO	IMPORTE
			LUNES A LAS 06:00 A.M.000717			
	150	PZAS	EMPERADOR 1/2			
			(COCINA DE LOS ANGELES)			
	150	PZAS	TOTAL			
			PARA LAS 11:00 A.M.			
	75	PZAS	EMPERADOR 1/2			
			(COCINA DE LOS ANGELES)			
	60	PZAS	EMPERADOR 1/2			
			(CEPAC)			
	80	PZAS	EMPERADOR 1/2			
			(DON PACO)			
	150	PZAS	EMPERADOR 1/2			
			(BANQUETES)			
	150	PZAS	EMPERADOR 1/2			
			(BANQUETES)			
	515	PZAS	TOTAL			
					TOTAL	0,00
			LO MAS PRONTO POSIBLE		I.V.A.	0,00
JOSE ANTONIO GONZALEZ					TOTAL	0,00

NOTA.ESTOS PRODUCTOS DEBERAN SER ENTREGADOS EN SU RESPECTIVA AREA ,NO HABRA —
NINGUN RETRASO EN HORARIO Y FECHA ACORDADA,SOLO PODRA SER RECIBIDA OR PERSONAL
DE ALMACEN .FAVOR DE ANEXAR ESTA ORDEN DE COMPRA A LA FACTURA ORIGINAL .PARA —
CUALQUIER ACLARACION COMUNICARSE CON CLEMENT.
HORARIO DE RECEPCION DE LUNES A SABADO. UNICAMENTE
ALIMENTOS Y BEBIDAS 07:00 A 11:00 A.M. Y DOS COPIAS DE FACTURA
MANTENIMIENTO   08:00 A   11 :00 A.M.Y TRES COPIAS DE FACTURA

Figura 5.8. Formato de requisición de pan.

208

REQUISICION FRUTAS Y VERDURAS

FECHA: _____ DEPARTAMENTO: _____ AUTORIZO: _____

CODIGO	DESCRIPCION	UNIDAD	PEDIDO	CODIGO	DESCRIPCION	UNIDAD	PEDIDO	CODIGO	DESCRIPCION	UNIDAD	PEDIDO
003102	ACELGA	MANJ		003071	FLOR DE CALABAZA	MANJ		003060	PEPINO FRESCO	KG	
003035	AGUACATE	KG		003030	FRAMBUESA FRESCA	KG		003126	PERA CORRIENTE	KG	
003059	AJO GIGANTE	KG		003012	FRESA GRANDE	KG		003014	PERA IMPORTADA	KG	
003096	ALBACAR	MANJ		003095	GENJIBRE FRESCO	KG		003063	PEREJIL CHINO	MANJ	
003115	ALCACHOFA FRESCA	KG		003061	GERMEN DE ALFALFA	KG		003028	PERON GOLDEN	KG	
003117	ALFALFA	MANJ		003026	GRANADA	KG		003080	PIMIENTO MORRON ROJO	KG	
003079	APIO AMERICANO	PZA		003055	GUAJES	MANJ		003083	PIMIENTO MORRON VERDE	KG	
003073	BERENGENA FRESCA	KG		003101	GUANABANA	KG		003006	PIÑA FRESCA	PZA	
003039	BERRO FRESCO	MANJ		003019	GUAYABA FRESCA	KG		003110	PIPICHA FRESCA	MANJ	
003098	BETABEL	MANJ		003113	HABA FRESCA	KG		003008	PLATANO MACHO	KG	
003082	BROCOLI	KG		003099	HIGO FRESCO	KG		003025	PLATANO MORADO	KG	
003040	CALABACITA ITALIANA	KG		003087	HINOJO FRESCO	MANJ		003007	PLATANO TABASCO	KG	
003124	CALABACITA REDONDA	KG		003051	YERBABUENA FRESCA	MANJ		003058	PORO FRESCO	MANJ	
003111	CALABAZA DE CASTILLA	KG		003089	HOJA DE AGUACATE	MANJ		003064	RABANO FRESCO	MANJ	
003112	CAMOTE MORADO O BLANCO	KG		003081	HOJA DE MIXIOTE	PZA		003076	ROMERO FRESCO	MANJ	
003003	CAÑA FRESCA	KG		003109	HOJA DE PLATANO	MANJ		003129	SALVIA	MANJ	
003122	CARAMBOLA FRESCA	KG		003103	HOJA SANTA	MANJ		003010	SANDIA	KG	
003044	CEBOLLA BLANCA	KG		003123	HUAZONTLE FRESCO	MANJ		003085	SETA CULTIVADA	KG	
003045	CEBOLLA CAMBRAY	MANJ		003069	JAMAICA	KG		003033	SETA ENCHILADA O ROVELLON	KG	
003043	CEBOLLA MORADA	KG		003121	JICAMA FRESCA	KG		003036	SETA MORILLA	KG	
003118	CEREZA CHILENA	KG		003067	JITOMATE BOLA	KG		003023	SETA YEMA O MANTEQUILLA	KG	
003085	CHAMPIÑON FRESCO	KG		003052	JITOMATE SALADETT	KG		003066	TAMARINDO	KG	
003120	CHABACANO	KG		003021	KIWI FRESCO	KG		003032	TEJOCOTE FRESCO	KG	
003046	CHAYOTE FRESCO	KG		003054	LAUREL FRESCO	MANJ		003068	TOMATE VERDE	KG	
003072	CHICHARO FRESCO	KG		003090	LECHUGA ESCAROLA	PZA		003074	TOMILLO FRESCO	MANJ	
003065	CHILACAYOTE	KG		003105	LECHUGA FRANCESA	PZA		003011	TORONJA	KG	
003004	CHILE HABANERO FRESCO	KG		003053	LECHUGA LARGA	PZA		003031	TUNA FRESCA	KG	
003084	CHILE JALAPEÑO	KG		003100	LECHUGA MORADA	PZA		003015	UVA ROJA GLOBO	KG	
003048	CHILE POBLANO	KG		003091	LECHUGA ROMANA	PZA		003013	UVA VERDE SIN SEMILLA	KG	
003047	CHILE SERRANO FRESCO	KG		003027	LIMA	KG		003119	VERDOLAGA	MANJ	
003042	CILANTRO	MANJ		003107	LIMON S/SEMILLA FRESCO	KG		003038	ZANAHORIA FRESCA	KG	
003114	CILANTRO RECIO	MANJ		003092	MAMEY FRESCO	KG		003034	ZARZAMORA FRESCA	KG	
003029	CIRUELA ROJA	KG		003022	MANDARINA FRESCA	KG					
003024	COCO ENTERO	PZA		003016	MANGO MANILA	KG					
003041	COL BLANCA	PZA		003020	MANZANA CORRIENTE	KG					
003078	COL DE BRUCELAS	KG		003001	MANZANA STARKIN	KG					
003094	COL MORADA	PZA		003017	MEJORANA FRESCA	MANJ					
003106	COLIFLOR FRESCA	PZA		003002	MELON CHINO	KG					
003088	CUITLACOCHE FRESCO	KG		003116	MELON VALENCIANO	KG					
003128	DATIL FRUTA SECA	KG		003005	NARANJA FRESCA	KG					
003127	DURAZNO CORRIENTE	KG		003056	NABO FRESCO	MANJ					
003018	DURAZNO MELOCOTON	KG		003077	NOPAL FRESCO	KG					
003093	EJOTE FRESCO	KG		003075	OREGANO FRESCO	MANJ					
003049	ELOTE FRESCO	PZA		003057	PAPA ALFA	KG					
003097	ENDIVIA FRESCA	PZA		003037	PAPA CAMBRAY	KG					
003050	EPAZOTE FRESCO	MANJ		003108	PAPALO FRESCO	MANJ					
003104	ESCALUNIA O CHALOT	KG		003009	PAPAYA MAMEYADA	KG					
003070	ESPINACA FRESCA	MANJ		003062	PEJIL LISO	MANJ					

Figura 5.9. Formato de requisición de frutas y verduras.

EVENTOS

FECHA _____   PEDIDO No. ___0778_____

Figura 5.10. Formato de requisición para eventos.

El método de control que se utilice depende del sistema de trabajo de cada establecimiento, así como el uso de la siguiente documentación:

- Libro de pedidos.
- Libro de entrada de producto.
- Libro mayor de bodega.
- Fichas de archivo.
- Libro de productos devueltos.
- Libro de existencias.
- Libro de pedidos por departamento o área.
- Reporte de consumo diario (fig. 5.11).

En seguida se encuentra un sistema de control de alimentos:[*]

Sistemas	Ordenamiento de los productos	Ejemplos	Análisis del ejemplo:
			1. Número de orden en la lista 1. Mercancía con mayor rotación 1. Gramaje o presentación de la lata, ejemplo: 850 g núm. 1, 475 g núm. 2, etc. 3. Será el número de proveedor, ejemplo: Herdez 1 Clemente 2 Calmex 3
Numérico	El producto que tenga mayor rotación o movimiento será el núm. 1, el núm. 2 será el que le siga y así sucesivamente. Como ejemplo, tomaremos la piña en rebanadas y será la núm. 1	1.1.1.31.	
Alfabético	Cerezas rojas Duraznos en mitades Guayabas en almíbar Higos en conserva Mangos en rebanadas Piñas en rebanadas Puré de manzana	F.A.P.R.A.C.	F. Frutas A. Almíbar P. Piña R. Rebanadas A. Gramaje o presentación C. Proveedor
Combinado	Será una combinación de los anteriores.	1.P.R.1.C.1	1. Número de orden en la lista P. Piña R. Rebanadas 1. Gramaje o presentación C. Calmex

Grupo de mercancías de un mismo tipo

* Alfredo Youshimatz, *Control de costos de alimentos y bebidas*, Diana, México, 1989.

OPERADORA DE LOS ALBA*
AV. HERMANOS SERDAN #141 COL. AMOR

OALB20920MG2

REPORTE DE SALIDAS POR CENTRO DE CONSUMO

==

CAN COCINA DE LOS ANGELES   5001001

ABARROTES

001002	ZACARITAS (CAJA 56 PZA)	1.00	154.81	154.81
001003	CHOCO CRISPIS (CAJA 56 PZA)	1.00	158.66	158.66
001004	RAISSIN BRAN (PIEZA)	1.00	25.77	25.77
001010	ARROZ OLARTE (750 GRMS BOLSA)	3.00	5.50	16.50
001030	CHILES LARGOS	1.00	6.50	6.50
001033	FRIJOL PERUANO	10.00	9.72	97.25
001034	MAYONESA MC CORMICK (PIEZA 3.5 KG)	1.00	78.50	78.50
001035	GALLETAS PREMIUM (CAJA 200 PAQ.DE 13 GRS C/U)	1.00	28.00	28.00
001043	ATUN (LATA CHICA 174 GRMS)	16.00	4.97	79.60
001044	PINA (LATA 800 GRMS)	1.00	12.50	12.50
001045	DURAZNO (LATA 820 GRMS)	7.00	11.25	78.75
001049	ACEITUNA RELLENAS DE PIMIENTO (PZA 500 GRMS)	3.00	26.25	78.75
001052	CONCENTRADO DE POLLO (2 KG)	1.00	62.50	62.50
001069	SALSA CATSUP L/3KG	1.00	25.83	25.83
001075	CHILE HUAJILLO SECO	5.00	42.93	214.67
001095	CIRUELA PASA X KG	1.00	26.00	26.00
001111	ESPARRAGO FRASCO (PZA 580 GRMS)	3.00	45.97	137.92
001128	CEREZAS MARRASQUINO (FRASCO 4.28 KG)	2.00	114.77	229.54
001129	TROPIJUGO DE NARANJA (3.785 LTOS)	15.00	32.00	480.00
001152	TROPIJUGO DE ZANAORIA	5.00	28.00	140.00
001166	QUAKER (10 SOBRES DE 350 GRS)	1.00	25.51	25.51
001206	ACEITE 1#2#3 (CAJA 12 PIEZA)	2.00	110.44	220.88
001221	PAPA FRANCESA CONGELADA (BOLSA 2 KG)	2.00	26.09	52.19
001223	CHICHARO CONGELADO (10 KG)	20.00	22.00	440.00
001236	ACEITE HYSA FERIA	3.00	84.00	252.00
001261	ACEITE DE OLIVO BORGES (.500 ml PZA)	7.00	35.67	249.70
001280	CARAMELOS DE MENTA	2.00	52.20	104.40
001320	CAFE LAZZA MEZCLA DE LA CASA	12.00	125.00	1,500.00
001337	CHERIOS MAN.CAN.425 g.	1.00	34.36	34.36
		------------		------------
	Total de la Linea	129.00		5,011.17

LACTEOS

002010	QUESO FRESCO	30.00	32.91	987.36
002013	QUESO MANCHEGO	3.90	39.50	154.05
002019	QUESO DE CENISA (PZA 350 GRMS)	3.00	40.00	120.00
002020	QUESO DE PIMIENTA	3.00	22.00	66.00
002021	QUESO DE AJONJOLI	3.00	22.00	66.00
002025	QUESO DE HIERBAS (PZA 145 GRMS)	3.00	22.00	66.00
002026	QUESO DE NUEZ	2.00	22.00	44.00
002032	MANTEQUILLA PORCION	1.00	80.55	80.55
002033	CREMA DE VACA	40.00	23.00	920.00
002034	QUESILLO	10.02	35.00	350.87
002037	HUEVO	24.40	6.00	146.59
002044	LECHE ALPURA ENTERA	36.00	7.11	256.19
002046	LECHE CLAVEL (LATA DE 381)	48.00	5.88	282.27
002074	QUESO DE CHILE	2.00	22.00	44.00
		------------		------------
	Total de la Linea	209.32		3,583.89

FRUTAS Y VERDURAS

Figura 5.11. Reporte de consumos de restaurante (sistema computarizado).

Los sistemas de compras o control de existencias se basan en:

a) Un nivel constante. Debe haber un margen de cantidad de productos o cajas y todos los días (o por periodo establecido) debe tenerse esa misma cantidad.
b) Máximos y mínimos. Se tiene un nivel máximo de productos o cajas y un mínimo admisible de existencias, para que cuando se llegue al número mínimo, y sólo cuando esto ocurra, se compre más producto (fig. 5.12).

SISTEMA DE CONTROL EN COMEDOR

En cualquier establecimiento de alimentos y bebidas es esencial un sistema de control sobre la venta de éstos para lograr el mayor beneficio. Para que funcione ese sistema necesitamos las siguientes bases:

1. Control eficiente de todos los artículos, que reduzca al mínimo los robos y el desperdicio.
2. La gerencia debe recibir información sobre los costos, para estimar su periodo financiero.
3. El cajero debe hacer correctamente la cuenta de cada cliente.
4. El sistema debe mostrar un desglosamiento de ventas y ganancias recibidas para efectuar ajustes necesarios.

El principal sistema de control empleado en los establecimientos de alimentos y bebidas es el sistema de revisión por triplicado o duplicado (*comandas*), donde debe especificarse cada concepto, como número de mesa, número de personas, fecha, platillos y bebidas ordenados, y firma o nombre de quien toma la orden.

La comanda (original) debe ser legible para que en la cocina se elaboren los platillos solicitados. El duplicado se lleva al cajero, quien elabora la cuenta del cliente. En algunos casos, el triplicado se le queda al mesero como punto de referencia (pero no es muy necesario).

Hay dos formatos básicos:

Tarjeta de control de equipo o utensilios (copas, vasos, cubiertos, saleros, etc.), todos con salida de almacén o bodega, para su control.
Tarjeta de ventas por comandas (desglose de platillos y bebidas). Es un listado de todas las comandas y sus totales, así como los platillos más demandados del establecimiento, con la intención de verificar salidas con ingreso (fig. 5.13).

Para lograr un estrecho control en el bar es necesario que:

a) Las botellas estén selladas con una marca especial para evitar que se introduzcan otras que no sean vendidas por el restaurante.

PUEBLA

INVENTARIO DIARIO

DIVISION A Y B
FECHA TOMA DE INV. _____

ARTICULO	PRECIO	INV. INICIAL	FINAL 1er. T.	FINAL 2do.T.	FINAL 3er.T.	PERDIDAS BAJAS	TOTAL PERDIDO
LOZA							
CREMERAS	$52.50						
CONTENEDORES	$68.40						
FLOREROS	$10.00						
P. CAFETERO	$19.90						
P. ENTREMES	$30.60						
P. TRINCHE	$59.10						
PLATONES	$152.70						
TAZA CAFÉ AMERICANO	$31.80						
TAZA EXPRESS	$28.50						
LECHERAS							
TAZON	$62.40						
TETERAS	$107.50						
PLATO COMPOTA	$27.30						
CRISTALERIA							
COPA ROOM SERVICE	$10.80						
JARRA 1 LT.	$33.29						
JARRA 2 LTS.	$43.81						
COPA VNO. BLANCO	$19.59						
COPA VINO TINTO	$19.74						
COPA DE AGUA							
COPA COÑAQUERA							
COPA CERVECERA							
PLAQUE							
CUCHARA CAFETERA	$10.83						
CUCHARA SOPERA	$13.82						
CUCHILLO PRESENT.	$24.92						
CUCHILO FILETERO							
TENEDOR PRESENT.	$13.59						
ART. VARIOS							
CAMPANAS							
CANASTA DE SERVICIO							
CHAROLAS OVALADAS	$352.69						
CHAROLAS REDONDAS							
DESCANSOS	$129.44						
HIELERAS	$380.44						
JARRAS TERMICAS							
TRIPIES	$61.81						
VIKINGOS	$156.02						
MANTELERIA							
SERVILLETA .47*.47	$9.00						
MANTELES 1.05*1.55	$40.00						
MANTELES 1.17*1.17	$43.60						
MANTELES 1.60*1.60	$57.00						
FUNDAS CHICAS BAR							
FUNDAS OVALADAS							

CLIENTES ATENDIDOS _____
PERDIDA POR CLIENTE _____
TOTAL COBRADO _____

OBSERVACIONES _____
_____
_____
_____

Figura 5.12. Formato de inventario diario para almacén de restaurante.

214

PUEBLA

CONTROL DE COMANDAS

VENDEDOR	FOLIO INICIAL	FOLIO FINAL	COMANDAS UTILIZADAS	COMANDAS FALTANTES	FECHA	REVISO

Figura 5.13. Formato para control de comandas de un restaurante.

b) Se marque la etiqueta cuando la botella ya esté vacía, para evitar que la llenen de nuevo.

c) Se pegue el marbete con tela adhesiva.

Se recomienda hacer inventarios sorpresa en la barra para detectar fugas o alteraciones de botellas.

CONTEO DE PLATILLOS

Por medio de estos conteos podemos saber cuántos platillos de cada uno se vendieron de nuestra carta, y así, detectar la demanda de unos y quitar de la carta los que no se venden o aplicar una promoción específica.

Además, pueden descubrirse fugas al verificar los inventarios de existencia y salidas del comedor.

El formato para este conteo se aprecia en las figuras 5.14 y 5.15. En cada renglón se señalará el número de platillos más solicitados, por cada día del mes.

Llenada la lista del conteo diario de platillos, así como su ingreso, se recomienda utilizar diferentes formatos como los mostrados en las figuras 5.16 a 5.22.

ESTADOS FINANCIEROS

Los estados financieros son un instrumento administrativo básico para los restauranteros, pero a muchos gerentes de establecimientos de alimentos y bebidas, por su dificultad o complejidad, no les gusta llevarlos por sí mismos. No se tiene que ser contador para entenderlos y mucho menos para elaborarlos, ya que sencillamente es un informe muy importante para tomar decisiones administrativas.

Sólo hay que reconocer la relación entre los datos que afectan las normas de operación y, por consiguiente, la condición financiera del negocio en el presente y en el futuro. Estos estados proporcionan los datos necesarios para saber la forma en que la empresa se desempeña y su posición financiera.

En un estado financiero se manejan los siguientes conceptos:

Ventas	Costos	Gastos
Alimentos	Lo que pagamos por alimentos	Sueldos
+ Bebidas	+ Lo que pagamos por bebidas	+ Luz
Varios (cigarros, etc.)	Lo que pagamos por varios	Gas, etcétera
Total de ventas	Total de lo comprado	Total de gastos

Conteo de platillos

Mes: _____

Nombre del platillo	1	2	3	4	5	6	7	8	9	10	11	12	13	14	15	16	17	18	19	20	21	22	23	24	25	26	27	28	29	30
Coctel de camarón																														
Sopa de ajo																														
Filete a la pimienta																														

Conteo de bebidas

Mes: _____

Nombre de la bebida	1	2	3	4	5	6	7	8	9	10	11	12	13	14	15	16	17	18	19	20	21	22	23	24	25	26	27	28	29	30
Margarita																														
Sangría																														
Piña colada																														

Figura 5.14. Formato para el conteo diario de platillos y bebidas (sistema manual).

217

REPORT # 450

PRODUCT MIX REPORT

CLASS 1   ★★★★★★★★★★★★★★★
----
101 JUGO TOMATE	1	1%	22.61	1%
102 JUGO NARANJA	22	23%	439.57	27%
103 JUGO ZANAHOR	9	10%	177.40	11%
104 JUGO TORONJA	4	4%	76.09	5%
106 ORDEN FRUTA.	3	3%	57.39	4%
107 O.QUESO COTT	2	2%	38.26	2%
110 JUGO COMBIN	1	1%	19.13	1%
116 C. AMERICANO	50	53%	689.16	42%
501 DESAY CONTIN	2	2%	104.34	6%

CLASS 1   TOTAL   94   1623.95

CLASS 3   ★★★★★★★★★★★★★★★

| 303 HOT.C.WAFLES | 1 | 100% | 35.65 | 100% |

CLASS 3   TOTAL   1   35.65

CLASS 4   ★★★★★★★★★★★★★★★

| 404 PAN DANES | 7 | 88% | 103.46 | 88% |
| 405 PAN TOSTADO | 1 | 13% | 13.91 | 12% |

CLASS 4   TOTAL   8   117.37

CLASS 5   ★★★★★★★★★★★★★★★

| 502 DESAY AMERIC | 6 | 75% | 344.34 | 77% |
| 503 DESAY CROWNE | 2 | 25% | 101.38 | 23% |

CLASS 5   TOTAL   8   445.72

CLASS 6   ★★★★★★★★★★★★★★★

| 604 YOGURTH NAT | 1 | 33% | 20.00 | 26% |
| 606 H.U OME.NAT. | 2 | 67% | 55.66 | 74% |

CLASS 6   TOTAL   3   75.66

CLASS 7   ★★★★★★★★★★★★★★★
----
701 HUEV.CAZUELA	2	10%	106.08	16%
702 HUEV.NORTEÑO	2	10%	74.36	12%
704 HUEV.TIRADOS	1	5%	25.22	4%
705 HUEVO DCIADO	2	10%	50.44	8%
706 HUEVO FINAH	2	10%	41.75	6%
707 H.OMELET.JAM	4	20%	89.30	14%
708 H.OMELET.TOC	3	15%	99.12	15%
709 H.OMELET.HUI	1	5%	39.13	6%
711 CHILAQUILES	3	15%	120.00	19%

CLASS 7   TOTAL   20   645.40

CLASS 8   ★★★★★★★★★★★★★★★

| 809 CAFE EXPRESS | 2 | 100% | 29.56 | 100% |

CLASS 8   TOTAL   2   29.56

CLASS 9   ★★★★★★★★★★★★★★★

| 901 BUFFET CROWN | 57 | 83% | 5533.20 | 87% |
| 903 BUFFET LIGER | 12 | 17% | 834.84 | 13% |

CLASS 9   TOTAL   69   6368.04

CLASS 10   ★★★★★★★★★★★★★★★

| 1003CHALUPAS POB | 2 | 100% | 50.44 | 100% |

CLASS 10 TOTAL   2   50.44

CLASS 11   ★★★★★★★★★★★★★★★

| 1109ORDEN FRIJOL | 1 | 33% | 17.39 | 26% |
| 1114ENS.DE FRUTA | 2 | 67% | 50.44 | 74% |

CLASS 11 TOTAL   3   67.83

CLASS 12   ★★★★★★★★★★★★★★★

| 1201ENFRIJOLADAS | 1 | 33% | 41.74 | 31% |
| 1204ENCHILADAS | 2 | 67% | 92.18 | 69% |

CLASS 12 TOTAL   3   133.92

CLASS 17   ★★★★★★★★★★★★★★★

| 1703SOPA TRETAZZ | 1 | 100% | 22.61 | 100% |

CLASS 17 TOTAL   1   22.61

CLASS 22   ★★★★★★★★★★★★★★★

| 2204REFRESCO | 3 | 75% | 36.51 | 74% |
| 2205REFR. LIGHT | 1 | 25% | 13.04 | 26% |

CLASS 22 TOTAL   4   49.55

CLASS 70   ★★★★★★★★★★★★★★★

| 703 HUEV.RANCHER | 4 | 100% | 104.36 | 100% |

CLASS 70 TOTAL   4   104.36

CLASS #	QTY	%	SALES	%
CLASS 1	94	42%	1623.95	17%
CLASS 3	1	0%	35.65	0%
CLASS 4	8	4%	117.37	1%
CLASS 5	8	4%	445.72	5%
CLASS 6	3	1%	75.66	1%
CLASS 7	20	9%	645.40	7%
CLASS 8	2	1%	29.56	0%
CLASS 9	69	31%	6368.04	65%
CLASS 10	2	1%	50.44	1%
CLASS 11	3	1%	67.83	1%
CLASS 12	3	1%	133.92	1%
CLASS 17	1	0%	22.61	0%
CLASS 22	4	2%	49.55	1%
CLASS 70	4	2%	104.36	1%
TOTAL	222		9770.06	

Figura 5.15. Formato para el conteo diario de platillos y bebidas (sistema computarizado).

Turno		Nombre del cajero		Día	
Consecutivo de ventas/mesero	Número de personas atendidas	Número de mesas ocupadas	Importe del consumo	Importe de bebidas	Importe de alimentos
001	4	2	$ 673.00	$ 273.00	$ 400.00
002	6	1	$ 2700.00	$ 1200.00	$ 1500.00
Total de comandas	Total de personas	Total de mesas	Total de ingresos	Total de bebidas	Total de alimentos

Total de ingresos entre el número de mesas = Promedio de venta por mesa
Total de ingresos entre el número de personas = Promedio de consumo por persona

Figura 5.16. Estadística del cajero.

```
07/18/00      LOS ANGELES        12:49

         REPORT # 700

         REVENUE REPORT

         ALL MEAL PERIODS
```

```
               **************

                     PRIMARY    ALTERNATE
                     -------    ---------
TOTAL CHECKS            28          40
TOTAL GUESTS            65          54


               **************

SALES:              PRIMARY    ALTERNATE
------              -------    ---------
ALIMENTOS           4749.56     4590.41
B. NO ALCOHO          49.55         .00
B. ALCOHOLI             .00         .00
OTROS                   .00         .00
TABAQUERIA              .00      104.34
VINOS                   .00         .00

TOTAL SALES         4799.11     4694.75


               **************

DISCOUNTS:          PRIMARY    ALTERNATE
----------          -------    ---------
ALIMENTOS            407.26         .00
B. NO ALCOHO            .00         .00
B. ALCOHOLI             .00         .00
OTROS                   .00         .00
TABAQUERIA              .00         .00
VINOS                   .00         .00

TOTL DISCOUNT        407.26         .00

NET SALES           4391.85     4694.75
```

```
               **************

TAXES:              PRIMARY    ALTERNATE
------              -------    ---------
ALIMENTOS            651.34      683.11
B. NO ALCOHO           7.44         .00
B. ALCOHOLI             .00         .00
OTROS                   .00         .00
TABAQUERIA              .00       15.65
VINOS                   .00         .00

TOTAL TAXES          658.78      698.76


               **************

GRATUITIES:         PRIMARY    ALTERNATE
-----------         -------    ---------
ALIMENTOS               .00         .00
B. NO ALCOHO            .00         .00
B. ALCOHOLI             .00         .00
OTROS                   .00         .00
TABAQUERIA              .00         .00
VINOS                   .00         .00
GRATUITY RND            .00         .00

TOTL GRATUITY           .00         .00


               **************

SUMMARY:            PRIMARY    ALTERNATE
--------            -------    ---------
NET SALES           4391.85     4694.75
TAX                  658.78      698.76
GRATUITY                .00         .00
SERVICE                 .00         .00
CHARGED TIPS         277.00      568.71

TOTAL SUMMARY       5327.63     5962.22
```

Figura 5.17. Reporte de ingresos de restaurante.

```
07/18/00      LOS ANGELES        12:55                    CROWNE PLAZA PUEBLA
                                                          COCINA DE LOS ANGELES
              REPORT # 299                     18/07/00                    12:51

    CURRENT CLOSED CHECK REPORT FOR            ================================
              MARIO MEJIA                                 LOS ANGELES
                                               Check: 1072635    Table:    7
CHECK #   TABLE    AMOUNT    GRAT/TIP          Server: ROSA      Guests:   2
--------------------------------------         Terminal: 107
  1072603    19     130.00     12.00           ================================
  1072609     2     207.00       .00
  1072612     1      17.00       .00                ********************
  1072617    19      76.00     10.00                * DUPLICATE RECEIPT *
  1072626    16     472.01       .00                ********************
  1072627    19      76.00       .00
--------------------------------------                    NORMAL
EFECTIVO      6     978.01     22.00
                                                  1 E. MIXTA          24.35
  1072569     2     201.00     20.00              1 ENS.DE FRUTA      25.22
  1072570    18      72.00      6.00              2 C. AMERICANO      29.56
  1072584    18      97.00       .00
  1072587    18      18.70      1.70                  Subtotal        79.13
  1072588    18      90.01     10.00                       Tax        11.87
  1072592     2     133.00     15.00                     Total        91.00
 [072593    20     389.00     35.00
  1072595     2     133.00     15.00           EFECTIVO               200.00
  1072596    16      88.01      8.00                   Change         109.00
  1072619    18     133.00     15.00
--------------------------------------             GRAND TOTAL         91.00
CARGO HOTEL  10    1354.72    125.70           ================================
                                               T107 C820 18/07/00 12:54
  1072606    18     270.00     34.00           ================================
--------------------------------------
AMERICAN EXP  1     270.00     34.00           Propina Tip _____

--------------------------------------         No. de Cuarto _____
GRAND TOTAL        2602.73    181.70
--------------------------------------         Nombre _____

      * Denotes Split Tender                   Firma _____
```

Figura 5.18. Reporte de cierre de un mesero.   **Figura 5.19.** Cuenta de consumo normal y de cortesía o ejecutivo.

```
07/18/100              12:5              07/18/00      LOS ANGELES      13:01

   SERVER SALES REPORT (TWC)                    REPORT # 800

      #809: MARIO MEJI                         TENDER REPORT

OPEN CHECKS            21                   ALL MEAL PERIODS

   *************                              **************

CLOSED CHECKS          17
COVERS                 27               TOTAL CHECKS         70

   **************                       TENDER:
                                        --------
VOIDS (REFUNDS)       0.00              CSH COLLECTED    5994.99
                                        - CHNGE GIVEN    1991.35
   **************                       - TIPS PD OUT        .00
                                        = COMPUTED CASH             4003.64
ALIMENTOS          2092.20              CARGO HOTEL                 5925.79
B. NO ALCOHO         13.04              AMERICAN EXP                 809.00
B. ALCOHOLI           0.00              VISA                         605.99
OTROS                 0.00              MASTERCARD                      .00
TABAQUERIA            0.00              DINNERS CLUB                    .00
VINOS                 0.00              BANAMEX                         .00
                                        BANCOMER                        .00
TOTAL SALES        2105.24              DEBITO                          .00
                                        SOCIOS                          .00
   **************                       EJECUTIVOS                    36.43
                                        CXCOBRAR                        .00
CHARGED TIPS        181.70
                                        TOTAL TENDER               11380.85
TIPS RECEIVED        0.00
```

Figura 5.21. Reporte del mesero.

```
TIPS DUE            181.70

   ** END OF REPORT **
```

Figura 5.20. Reporte de ventas de un mesero.

```
18/07/00                 12:58
================================

CMOS TERMINAL SETTLEMENT REPOR

Emp ID:      820
Name:        ROBERTO
Terminal:    107

From:        17/07/00    22:55
To:          18/07/00    12:54

Number of Checks:          70

    Cash In:        5994.99

-    Change:        1991.35
- Chrg Tips:           0.00
-  Paid Out:           0.00
-Withdrawal:           0.00

+   Paid In:           0.00
+     Loans:           0.00

= Computed Cash:    4003.64

    Drop Amount:    ---------

    CARGO HOTEL       5925.79
    AMERICAN EXP      1694.98
    VISA               605.99
    MASTERCARD           0.00
    DINNERS CLUB         0.00
    BANAMEX              0.00
    BANCOMER             0.00
    DEBITO               0.00
    EJECUTIVOS          36.43
    CXCOBRAR             0.00

  Non-Cash SubTot:    8263.19

   GRAND TOTAL:      12266.83
------------------------------
        Signature

******* End of Report *******
```

Figura 5.22. Reporte de final del cajero.

La fórmula para determinar la utilidad o pérdida es:

$$\text{Gastos} + \text{Costos} = X - \text{Ventas} = \text{Utilidad o pérdida.}$$

Veamos el siguiente ejemplo:

Ventas		%	Costos	+ Gastos	
Alimentos	$90 000.00		$31 500.00	Sueldos	$20 980.00
Bebidas	32 000.00		6 400.00	Prestaciones	4 920.00
Varios	1 000.00		600.00	Gas	1 230.00
		100 %		Luz	2 460.00
Total	$123 000.00		$38 500.00	Agua	2 260.00
				Papelería	800.00
				Imprenta	1 230.00
				Publicidad	3 000.00
				Transporte	500.00
				Flete	600.00
				Cortesías	900.00
				Admón. ejecutivos	1 800.00
				Admón. empleados	2 100.00
				Reservación/reposición/equipo	2 500.00
				Mantenimiento	1 200.00
				Gastos de administración	700.00
				Comisión tarjetas crédito	2 100.00
				Otros gastos	500.00
				Varios	300.00
				Permisos/licencias	200.00
				Afiliaciones	100.00
					$50 380.00

Gastos	+	Costos	=	X	−	Ventas	=	Utilidad o pérdida
$50 380.00	+	$38 500.00	=	$88 880.00	−	$123 000.00	=	$34 120.00 Utilidad

Una asesoría es recomendable para efectos contables, pero esto no indica que el gerente, dueño, inversionista o persona interesada en conocer el manejo de los estados financieros, no pueda ni deba hacerlo. Definitivamente, un buen gerente debe conocer y manejar en forma adecuada sus cuentas y estados financieros para ubicarse en la realidad.

No hay nadie mejor que el propio gerente para llevar a cabo los controles y presupuestos. Por supuesto, es muy necesaria la asesoría externa de un contador para efectos fiscales y legales, ya que él está actualizado en la materia para poder enfrentar las diferentes situaciones que se presentan en un restaurante-bar.

Es recomendable la capacitación y actualización constante, ya que en la actualidad los avances tecnológicos han propiciado un óptimo aprovechamiento de tiempo, dinero y esfuerzo. La computadora y los paquetes didácticos para cada uno de estos establecimientos es la manera más efectiva para administrar un establecimiento de servicio de alimentos y bebidas. Se sugiere conocer el sistema automatizado de control de bares y restaurantes, para evitar las constantes fugas tanto en especie como financieras.

CROWNE PLAZA
HOTELS · RESORTS

PUEBLA

REPORTE DE VENTAS

VENTA_____   **FECHA:**_____
SERVICIOS_____   **TURNO:**_____
CLIENTES_____
PROPINA_____

PERSONAL_____
_____

LIMPIEZA_____
_____

DESEMPEÑO DE LA COCINA_____
_____

OBSERVACIONES_____
_____
_____

PENDIENTES_____
_____
_____

JEFE EN TURNO _____

Figura 5.23. Reporte de ventas.

PUEBLA

REPORTE COCINA   **FECHA:**_____

RESPONSABLE : _____   **TURNO:**_____

_____
_____
_____
_____
_____
_____
_____
_____
_____
_____
_____
_____

Figura 5.24. Reporte de cocina.

REPORTE OPERACION   **FECHA:**_____

RESPONSABLE : _____   **TURNO:**_____

_____
_____
_____
_____
_____
_____
_____
_____
_____
_____
_____

Figura 5.25. Reporte de operación.

PUEBLA

JUNTA PREFUNCIÓN   **TURNO :** _____

RESPONSABLE : _____   **FECHA :** _____

_____
_____
_____
_____
_____
_____
_____
_____
_____
_____
_____
_____
_____
_____

Figura 5.26. Reporte de junta prefunción.

Apéndice

CRITERIOS BÁSICOS DE DISEÑO PARA ESTABLECIMIENTOS DE ALIMENTOS Y BEBIDAS*

INTRODUCCIÓN

El programa de financiamiento a la actividad turística de FONATUR tiene como principales objetivos:

1. Apoyar financieramente proyectos turísticos viables y que por sus características ayuden:

   a) A la generación de empleos.
   b) A la captación de divisas.
   c) Al desarrollo regional equilibrado.

   Los apoyos financieros se otorgan mediante créditos con esquemas de tasas de interés preferenciales y métodos de amortización adecuados a la generación de recursos financieros de los proyectos.

2. Proporcionar asesoría técnica a los inversionistas en la planeación y ejecución de proyectos turísticos. El objetivo que se persigue mediante esta asesoría es orientar al inversionista a fin de que los diseños y especificaciones de sus proyectos sean congruentes con:

   a) El segmento de mercado al que van dirigidos.
   b) Las normas y estándares de operación requeridas en las instalaciones de establecimientos de alimentos y bebidas.

* Tomado de *Criterios básicos de diseño para establecimientos de alimentos y bebidas*, FONATUR, Dirección General de Crédito, México, 1983.

c) Los requisitos establecidos por FONATUR para este tipo de operaciones de crédito.

La asesoría pretende coadyuvar en la planeación y construcción de instalaciones de establecimientos de alimentos y bebidas, que además de ser operativamente eficientes en su diseño, también sean inversiones rentables desde un punto de vista financiero.

Con la publicación de este documento llamado *Criterios básicos de diseño para establecimientos de alimentos y bebidas*, FONATUR proporciona una orientación técnica, sólidamente soportada por las investigaciones realizadas y por la experiencia y el banco de datos que ha acumulado durante los últimos diez años, en los que ha otorgado más de 1500 créditos para la construcción de instalaciones hoteleras en todo el país.

FONATUR no exigirá, para otorgar sus créditos, que los proyectos deban diseñarse exactamente de acuerdo a estos criterios; lo que se pretende es que los proyectistas tomen en consideración estos parámetros al realizar sus diseños. Lógicamente éstos tendrán que adaptarse al tamaño del local y topografía del terreno, así como a las condiciones climatológicas y disponibilidad de materiales de construcción de la región.

El contenido de este documento incluye cifras porcentuales que explican en términos generales la estructura de costos de un presupuesto de inversión y se proporciona un análisis de las áreas requeridas por el proyecto con algunos esquemas concretos de diseño. También se presenta un cuadro detallado con especificaciones de construcción recomendables, así como un análisis de áreas requeridas en función del número de personas del establecimiento de alimentos y bebidas.

El presente estudio incluye dos soluciones de proyecto: uno de restaurante de especialidades con bar y el otro de restaurante de servicio rápido tipo cafetería que podrán ser realizados tanto en zonas urbanas como en áreas de recreo o turísticas.

En caso de existir alguna duda o bien alguna sugerencia sobre el contenido de este documento, se agradecerá ponerse en contacto con la Subdirección General de Crédito de FONATUR.

ESTRUCTURA PORCENTUAL DEL PRESUPUESTO DE INVERSIÓN

Concepto	Rangos de inversión en porcentajes
• Terreno o local en renta[*]	8-10
• Construcción	45-52
• Equipos fijos	5-6
• Mobiliario y decoración	10-12
• Equipo de operación	6-8
• Gastos de preapertura	1-2
• Capital de trabajo	2-3
• Gastos financieros[**]	5-7

[*]El costo de arrendamiento será durante el periodo de construcción.
[**]Este porcentaje es variable, ya que depende del monto del crédito, del apalancamiento financiero del negocio y del programa de disposiciones del crédito.

NOTA: La suma de los conceptos de la estructura porcentual del presupuesto de inversión deberá ser 100 %.

RESUMEN DE ÁREAS

Existe una serie de consideraciones que deben tomarse en cuenta para diseñar un establecimiento de alimentos y bebidas, las que se consideran más importantes son las siguientes:

1. La adecuada localización del establecimiento deberá ser congruente con la categoría del mismo, así como con el tipo de servicio que se ofrezca (restaurantes de especialidades o tipo cafetería).
2. Las instalaciones de cocina, así como el equipo de operación del establecimiento, deberá diseñarse en función del "menú" que se ofrezca a los comensales.
3. El mobiliario y la decoración del establecimiento también deberá ser diseñada de acuerdo con el tipo de servicio que se ofrezca y con el "menú".

Aunque para estas instalaciones no existen a la fecha de la publicación, requisitos mínimos establecidos por la Secretaría de Turismo; se considera que las áreas aquí propuestas están fundamentadas en análisis de proyectos arquitectónicos que ofrecen los estándares de confort y espacio para proyectos de este tipo de instalaciones.

Las áreas máximas han sido calculadas con base en promedios de áreas funcionales de otras instalaciones similares que han sido analizadas y financiadas por FONATUR. Estas áreas se estima que son lo suficientemente representativas como para proponerlas como áreas máximas.

Resumen de áreas del restaurante de especialidades

Para el análisis se seleccionó un proyecto de 120 comensales en el área de mesas y 46 personas en el área de bar, por consiguiente el dimensionamiento y la dosificación de espacios está referida a ese número rector.

Rangos de áreas				
Área construida	Mínimos		Máximos	
	m^2	Porcentaje	m^2	Porcentaje
• Áreas públicas	479.00	71	607.90	75
• Áreas de servicio	198.60	29	206.10	25
Total área construida	677.60	100	814.00	100
Áreas exteriores				
• Estacionamiento	Se deberá consultar el reglamento de construcción local.			

NOTA: El área óptima requerida por espacio corresponde al de los croquis prototipo.

Resumen de áreas de la cafetería

Para el análisis se seleccionó un proyecto de 120 comensales; por consiguiente el dimensionamiento y la dosificación de espacios está referida a ese número rector.

Área construida	Mínimos		Máximos	
	m^2	Porcentaje	m^2	Porcentaje
• Áreas públicas	198.00	80	257.80	79
• Áreas de servicio	50.50	20	68.10	21
Total área construida	248.00	100	325.90	100
Áreas exteriores				
• Estacionamiento	Se deberá consultar el reglamento de construcción local.			
Áreas exteriores				
• Estacionamiento				

(Título de tabla: Rangos de áreas)

NOTA: El óptimo de área requerida por espacio corresponde al de los croquis prototipo.

Resumen de áreas por espacio del restaurante de especialidades

Local	Mínimos		Máximos	
• Áreas públicas	m^2	$m^2/$ comensal	m^2	$m^2/$ comensal
1. Área de mesas (120 personas)	298.70	1.80	331.90	2.00
2. Bar (46 personas)	71.40	0.43	130.00	0.61
3. Vestíbulo	41.30	0.25	55.10	0.33
4. Sanitarios públicos	31.80	0.19	39.70	0.24
5. Acceso	35.80	0.21	51.20	0.31
Total áreas públicas	479.00	2.88	607.90	3.49
• Áreas de servicio				
6. Cocina	141.50	0.85	166.70	1.00
7. Barra bar	23.80	0.14	28.00	0.17

(Título de tabla: Rangos de áreas)

	Mínimos		Máximos	
	m²	m²/comensal	m²	m²/comensal
8. Sanitarios de empleados	7.50	0.05	8.80	0.05
9. Caja	7.00	0.04	7.60	0.05
10. Comedor de empleados	6.80	0.04	8.00	0.05
11. Oficinas	12.00	0.07	15.00	0.10
Total áreas de servicio	198.60	1.19	234.10	1.42
Total área construida	677.60	4.07	842.00	4.91

• Áreas exteriores

12. Estacionamiento	Se deberá consultar el reglamento de construcción local.	

Capacidad restaurante: 120 personas
Capacidad bar: 46 personas
Total: 166 personas

Resumen de áreas por espacio de la cafetería

Rangos de áreas				
Local	Mínimos		Máximos	
	m²	m²/comensal	m²	m²/comensal
• Áreas públicas				
1. Área de mesas 146.80	1.22	195.70	1.63	
2. Área de espera	15.00	0.13	17.60	0.15
3. Vestíbulo	12.00	0.10	16.00	0.13
4. Sanitarios público	24.20	0.20	28.50	0.24
Total áreas públicas	198.00	1.65	257.80	2.15
• Áreas de servicio				
5. Cocina	39.00	0.33	55.70	0.46
6. Caja	3.00	0.02	3.40	0.03
7. Oficina	8.00	0.07	9.00	0.08
Total áreas de servicio	50.00	0.42	68.10	0.57
Total área construida	248.00	2.07	325.90	2.72
• Áreas exteriores				
8. Estacionamiento	Se deberá consultar el reglamento de construcción local.			

Cafetería tipo, con capacidad para 120 comensales.

Área de asientos

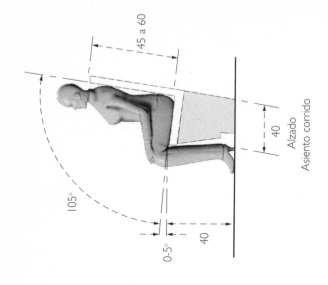

Figura A.1

NOTA: Acotaciones en centímetros.

45 a 60

40

Alzado
Asiento corrido

105°

0-5°

40

40 a 45

80 a 85

40

Alzado
Asiento aislado

105°

0-5°

234

Área de mesas

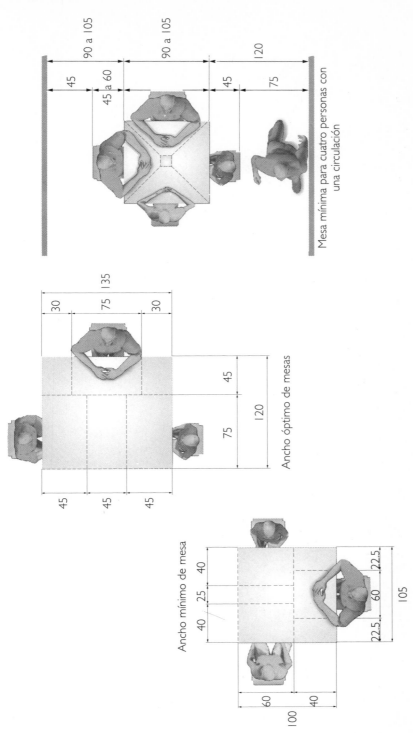

Mesa mínima para cuatro personas con una circulación

Ancho óptimo de mesas

Ancho mínimo de mesa

Figura A.2

NOTA: Acotaciones en centímetros.

236

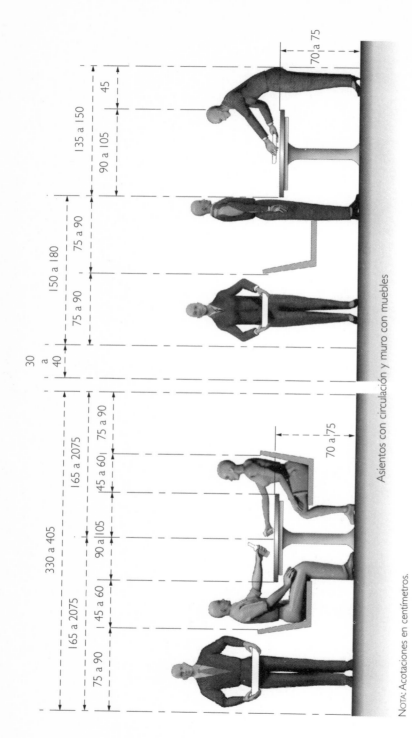

NOTA: Acotaciones en centímetros.

Asientos con circulación y muro con muebles

Figura A.3

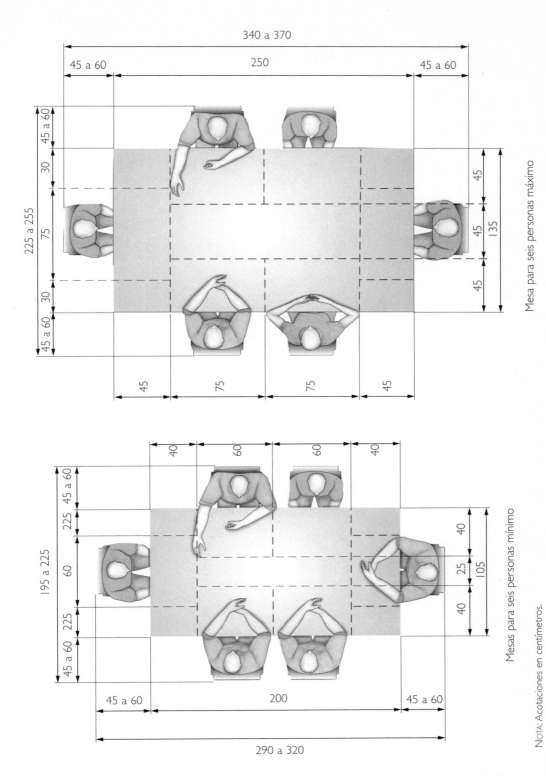

340 a 370

45 a 60 · 250 · 45 a 60

45 a 60 · 30 · 75 · 30 · 45 a 60 · 225 a 255

45 · 45 · 45 · 135

45 · 75 · 75 · 45

Mesa para seis personas máximo

40 · 60 · 60 · 40

45 a 60 · 225 · 60 · 225 · 45 a 60 · 195 a 225

40 · 25 · 40 · 105

45 a 60 · 200 · 45 a 60

290 a 320

Mesas para seis personas mínimo

NOTA: Acotaciones en centímetros.

Figura A.4

237

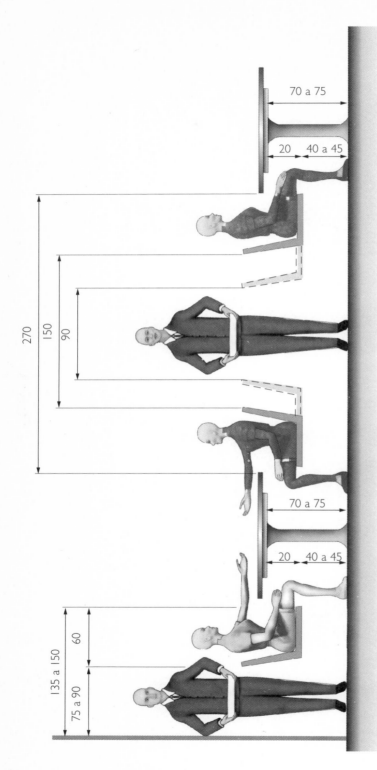

70 a 75

20 40 a 45

270

150

90

70 a 75

20 40 a 45

135 a 150

60

75 a 90

Medidas de espacios entre mesas y sillas con circulación de servicio

NOTA: Acotaciones en centímetros.

Figura A.5

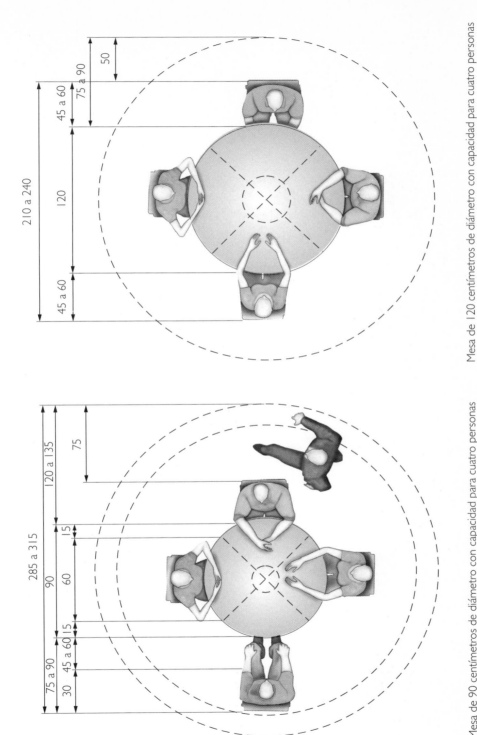

Mesa de 90 centímetros de diámetro con capacidad para cuatro personas

Mesa de 120 centímetros de diámetro con capacidad para cuatro personas

NOTA: Acotaciones en centímetros.

Figura A.6

239

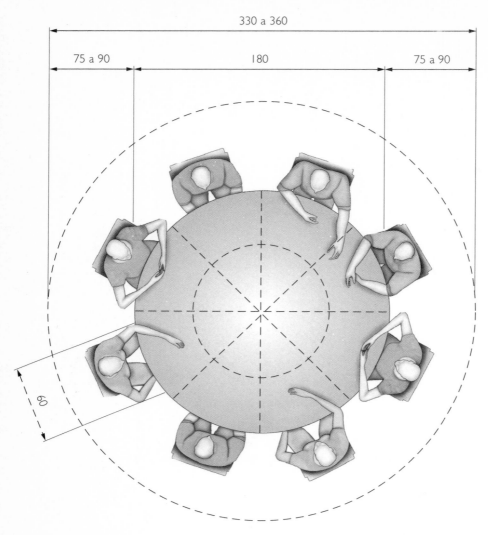

Mesa de 180 centímetros de diámetro con capacidad para ocho personas

NOTA: Acotaciones en centímetros.

Figura A.7

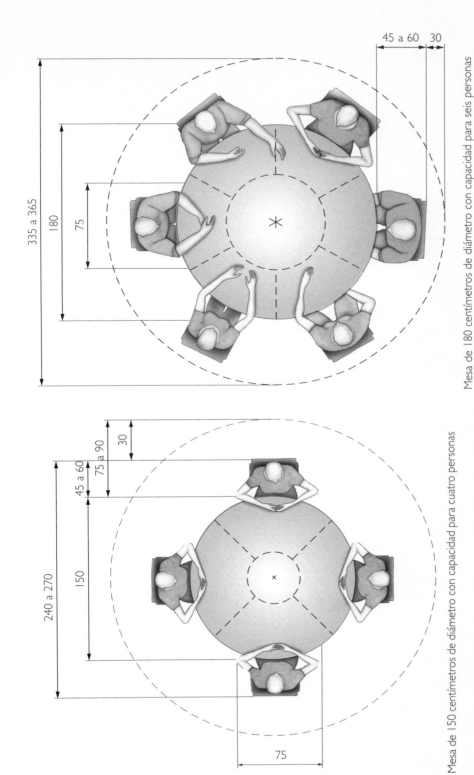

45 a 60 · 30

335 a 365

180

75

Mesa de 180 centímetros de diámetro con capacidad para seis personas

30

75 a 90

45 a 60

150

240 a 270

75

Mesa de 150 centímetros de diámetro con capacidad para cuatro personas

Figura A.8

Nota: Acotaciones en centímetros.

241

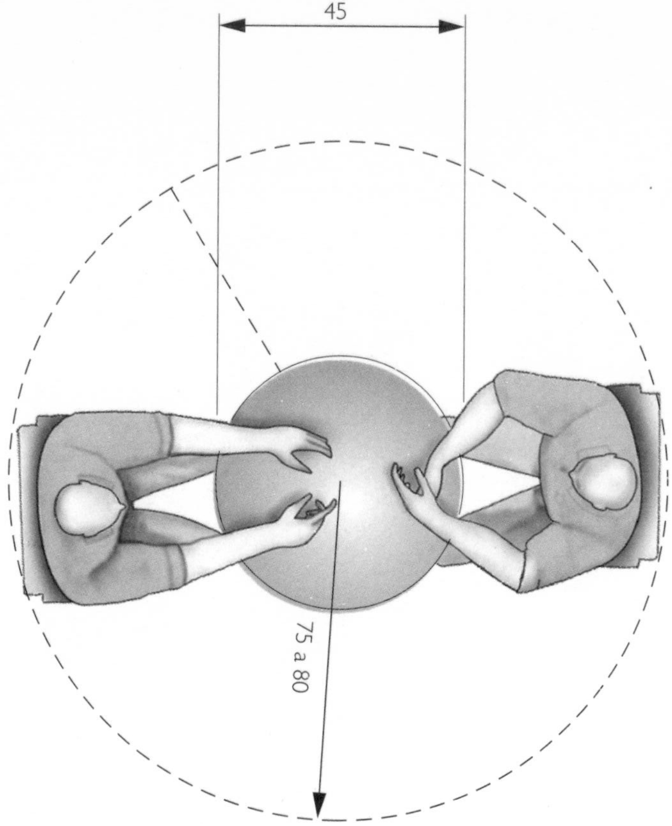

80 a 90

60

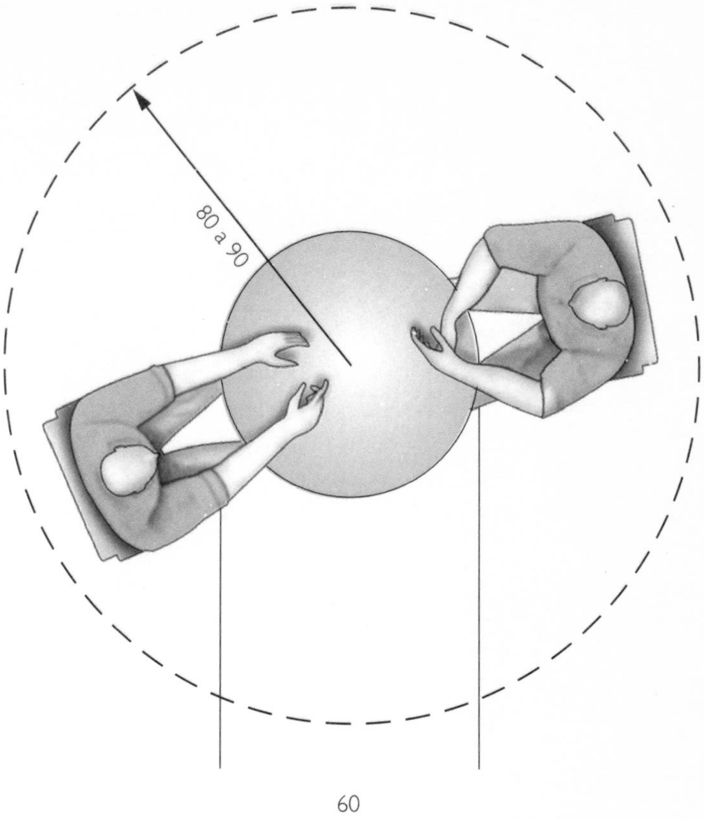

Mesa de 60 centímetros de diámetro con capacidad para dos personas

45

75 a 80

Mesa de 45 centímetros de diámetro con capacidad para dos personas

Figura A.9

NOTA: Acotaciones en centímetros.

Área de mesas con asientos en línea

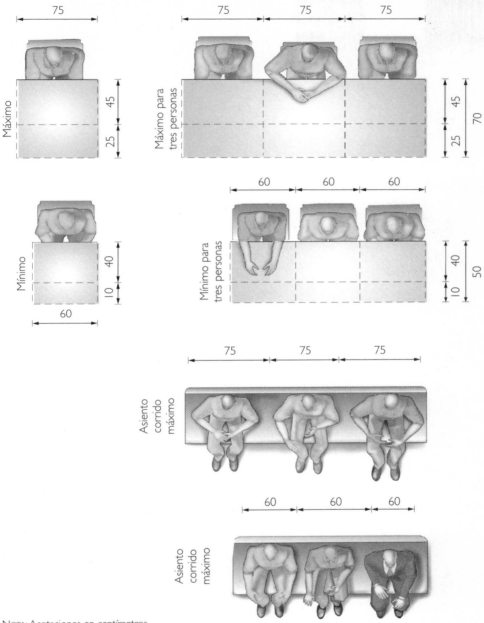

NOTA: Acotaciones en centímetros.

Figura A.10

243

Área de mesas, asientos, servicio y circulación

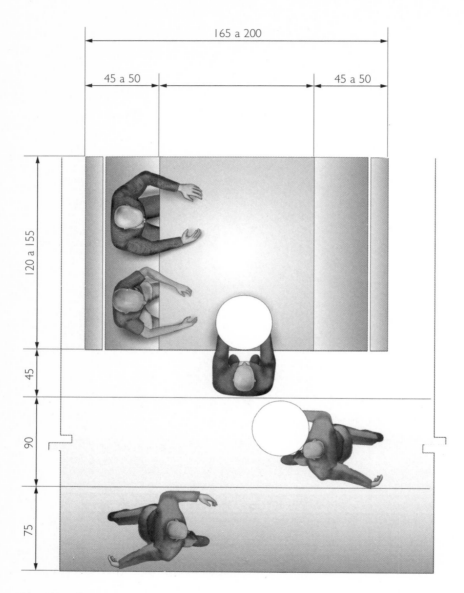

NOTA: Acotaciones en centímetros.

Figura A.11

Área de mesas con asientos en línea, circulación y servicio

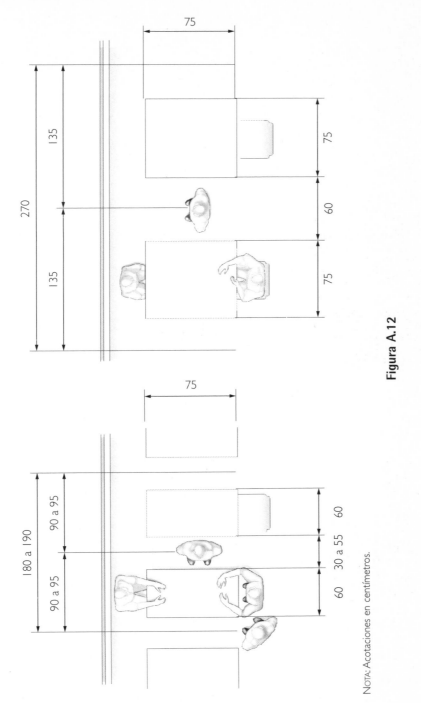

Figura A.12

NOTA: Acotaciones en centímetros.

245

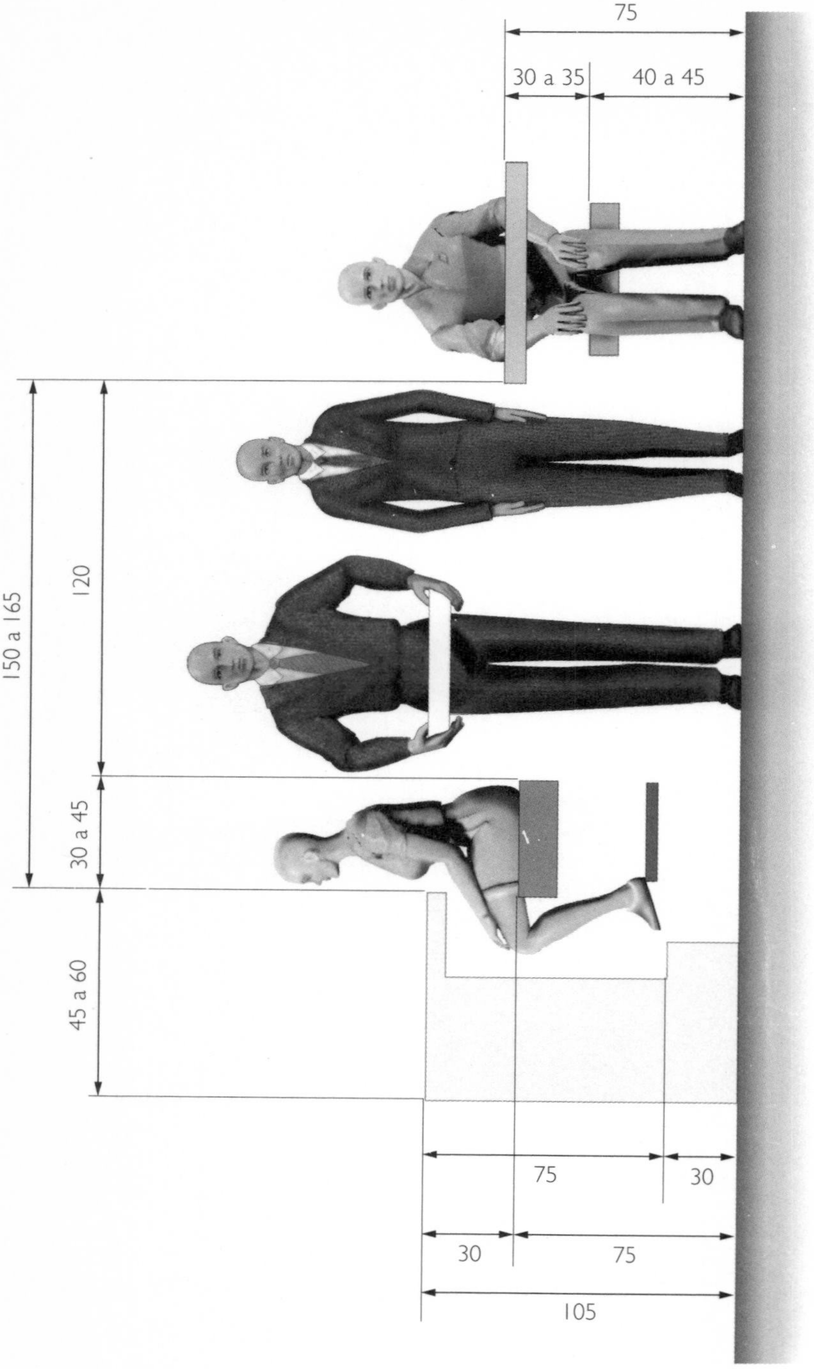

Área de mesa y barra

Figura A.13

NOTA: Acotaciones en centímetros.

Área de mesas, asiento y muro o mueble con circulación

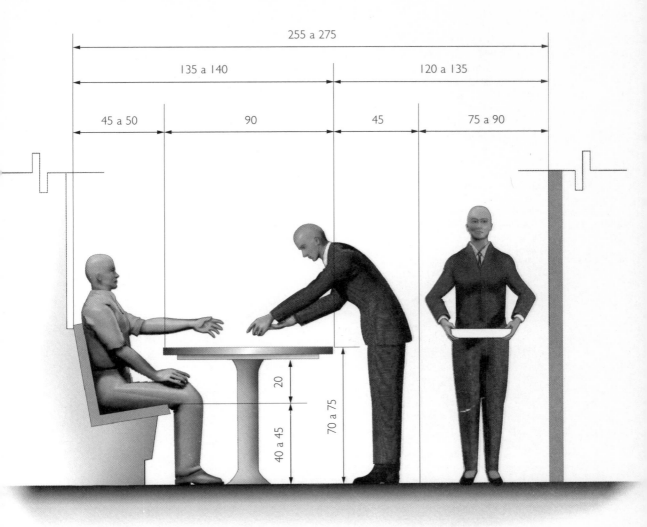

NOTA: Acotaciones en centímetros.

Figura A.14

Área de barra

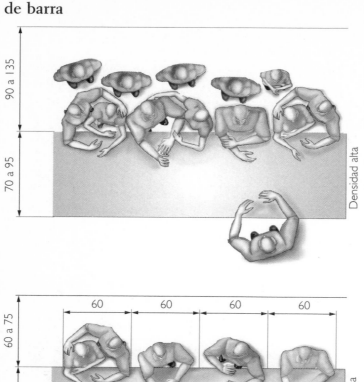

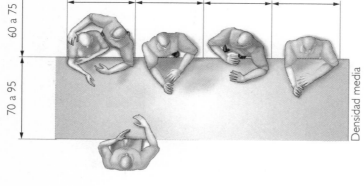

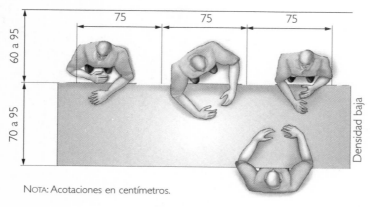

NOTA: Acotaciones en centímetros.

Figura A.15

248

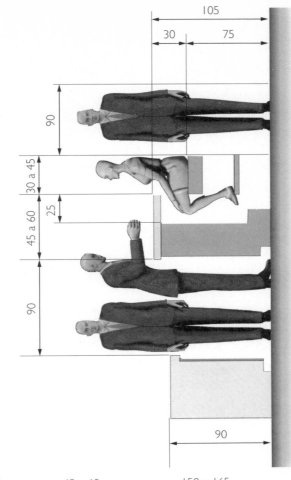

Figura A.16

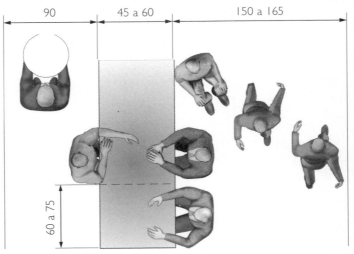

NOTA: Acotaciones en centímetros.

249

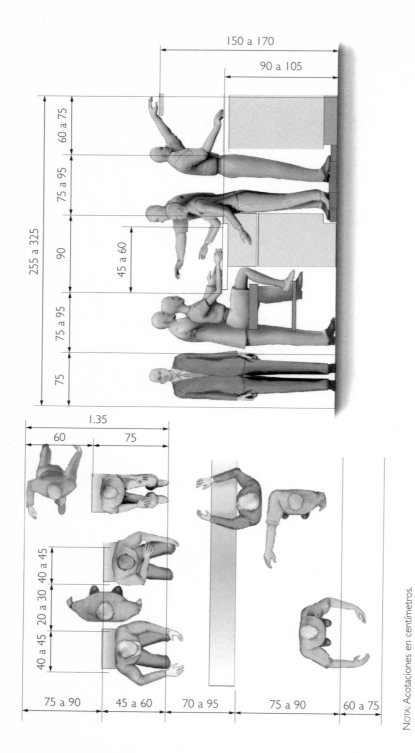

Figura A.17

NOTA: Acotaciones en centímetros.

250

Área de preparación en cocina

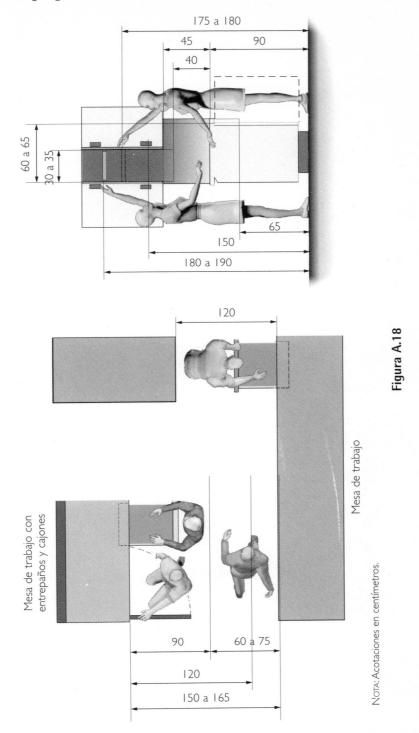

Figura A.18

Mesa de trabajo

Mesa de trabajo con entrepaños y cajones

NOTA: Acotaciones en centímetros.

251

252

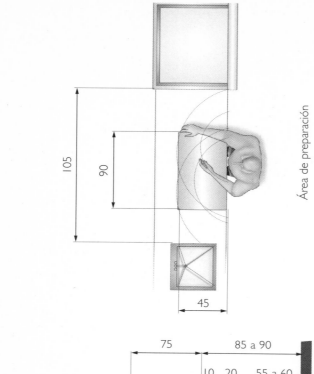

Área de preparación

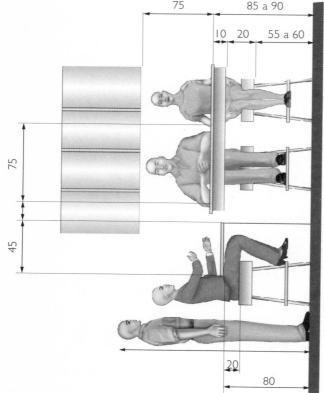

Figura A.19

NOTA: Acotaciones en centímetros.

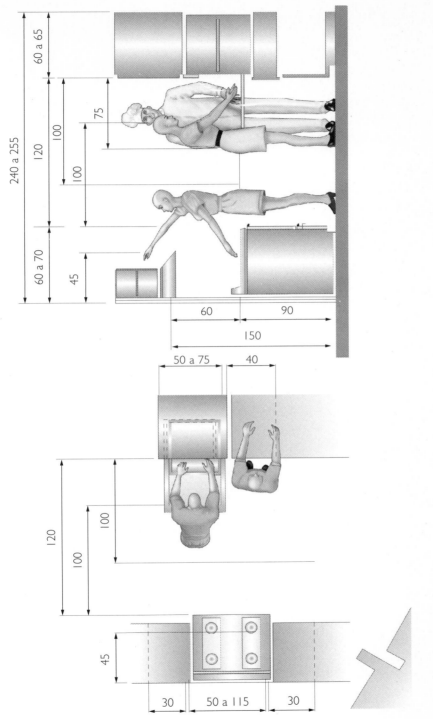

Figura A.20

Nota: Acotaciones en centímetros.

253

Área de refrigeración en cocina

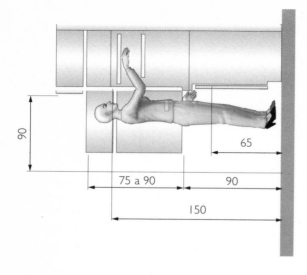

90

65

75 a 90

90

150

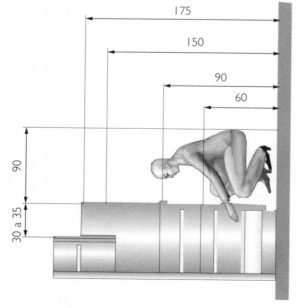

175

150

90

60

90

30 a 35

NOTA: Acotaciones en centímetros.

Figura A.21

254

Área de lavado en cocina

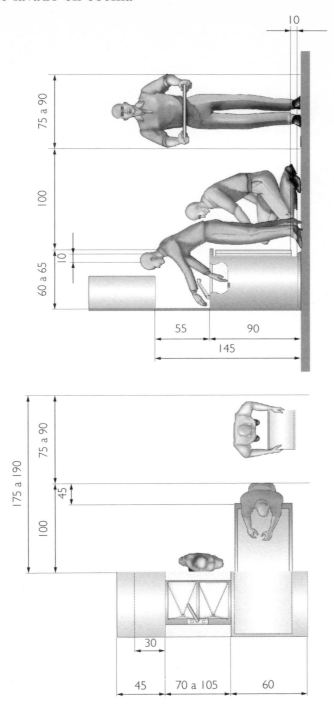

Figura A.22

NOTA: Acotaciones en centímetros.

255

PROPUESTA DE ESPECIFICACIONES DE CONSTRUCCIÓN Y EQUIPO DE OPERACIÓN

Propuesta de especificaciones de construcción del restaurante de especialidades

Las especificaciones y materiales de construcción de este cuadro deben considerarse como una propuesta, por lo que se recomienda verificar la disponibilidad y costo de dichos materiales en la región; pueden sustituirse dichos materiales a criterio del proyectista y del propietario.

Local	Estructura	Muros Base	Muros Acabado	Plafones Base	Plafones Acabado	Pisos Base	Pisos Acabado	Cancelería	Puertas	Instalaciones Muebles de baño	Instalaciones Hidráulica y sanitaria	Instalaciones Eléctrica	Instalaciones Aire acondicionado
Áreas públicas													
• Área de mesas	1 o 3	2 o 5	4 o 6	5	6	9	8 o 10	12 o 13	12 o 14	-	-	18-19	20
• Bar	1 o 3	2 o 5	4 o 6	5	6	9	8 o 10	12 o 13	12 o 14	-	-	18-19	20
• Vestíbulo	1 o 3	2 o 5	4 o 6	5	6	9	8 o 10	12 o 13	12 o 14	-	-	18-19	20
• Sanitarios público	1 o 3	2	4 o 6	5	6	9	11	12 o 13	12 o 14	15	16-17	18-19	21
• Acceso	1 o 3	2	4 o 6	4	6	9	8	12 o 13	12 o 14	-	-	18-19	-
Áreas de servicio													
• Cocina	1 o 3	2	7	4	6	9	11	12	12 o 14	-	16-17	18-19	21
• Barra bar	1 o 3	5	4 o 6	5	6	9	8 u 11	-	-	-	16-17	18-19	20
• Sanitarios de empleados	1 o 3	2	4 o 6	5	6	9	11	12 o 13	12 o 14	15	16-17	18-19	21
• Caja	1 o 3	5	4 o 6	5	6	9	8 o 10	-	-	-	-	18-19	20
• Comedor de empleados	1 o 3	2	4 o 6	4	6	9	11	12 o 13	12 o 14	-	-	18-19	21
• Oficinas	1 o 3	2 o 5	4 o 6	5	6	9	8 o 10	12 o 13	12 o 14	-	-	18-19	20 o 21
Áreas exteriores													
• Estacionamiento	-	-	-	-	-	-	8	-	-	-	-	-	-

1. Concreto armado
2. Muros de carga
3. Metálica
4. Aparente

5. Prefabricados
6. Aplanado y pintura
7. Acabado vidriado
8. Rústico

9. Firme de concreto
10. Alfombra
11. Antiderrapante
12. Aluminio

13. Herrería
14. Madera
15. De línea
16. Tubería de cobre

17. Tubería PVC
18. Tubería conduit
19. Poliducto
20. Unidades manejadoras de aire

21. Extracción

Propuesta de especificaciones de construcción de la cafetería

Local	Estructura	Muros		Plafones		Pisos		Cancelería	Puertas	Instalaciones			
		Base	Acabado	Base	Acabado	Base	Acabado			Muebles de baños	Hidráulica y sanitaria	Eléctrica	Aire acondicionado
Áreas públicas													
• Área de mesas	1 o 3	2 o 5	4 o 6	5	6	9	8 o 10	12 o 13	12 o 14	-	-	18-19	20 o 21
• Área de espera	1 o 3	2 o 5	4 o 6	5	6	9	8 o 10	12 o 13	12 o 14	-	-	18-19	20 o 21
• Vestíbulo	1 o 3	2 o 5	4 o 6	5	6	9	8 o 10	12 o 13	12 o 14	-	-	18-19	20 o 21
• Sanitario público	1 o 3	2 o 5	7	5	6	9	11	12 o 13	12 o 14	15	16-17	18-19	22
• Circulaciones	1 o 3	2 o 5	4 o 6	5	6	9	8	-	12 o 14	-	-	18-19	-
Áreas de servicio													
• Cocina	1 o 3	2	7	4	6	9	11	12	12 o 14	-	16-17	18-19	22
• Caja	-	2	12	5	6	9	8 o 10	-	-	-	-	18-19	20 o 21
• Oficina	1 o 3	2	12	4	6	9	8 o 10	12	12 o 14	-	-	18-19	20 o 21
Áreas exteriores													
• Estacionamiento	-	-	-	-	-	-	8	-	-	-	-	18-19	-

1. Concreto armado
2. Muros de carga
3. Metálica
4. Aparente

5. Prefabricados
6. Aplanado y pintura
7. Acabado vidriado
8. Rústico

9. Firme de concreto
10. Alfombra
11. Antiderrapante
12. Aluminio

13. Herrería
14. Madera
15. De línea
16. Tubería de cobre

17. Tubería PVC
18. Tubería conduit
19. Poliducto

20. Unidades manejadoras de aire
21. Unidades de ventana
22. Extracción

Propuesta de especificaciones de mobiliario y equipo del restaurante de especialidades

Áreas públicas

Mobiliario y decoración	Equipo de operación	Equipo fijo
• Vestíbulo – Iluminación indirecta – Ornamentos – Señalización	• Vestíbulo – Areneros – Sonido ambiental – Extintores	• Vestíbulo – Aire acondicionado
• Sanitarios públicos – Mamparas – Espejos – Señalización	• Sanitarios públicos – Botes de basura – Secadora eléctrica para manos – Jabonera – Ceniceros	• Sanitarios públicos – Ventilación – Sistema de extracción
• Acceso – Iluminación indirecta – Señalización – Ornamentos	• Acceso	• Acceso
• Área de mesas – Mesas – Bouths – Sillas – Cortinas – Iluminación indirecta – Accesorios decorativos – Ornamentos – Señalización	• Área de mesas – Equipo institucional – Mantelería y varios – Cuchillería y utensilios metálicos – Loza y plaqué – Extintores – Sonido ambiental – Papelería	• Área de mesas – Aire acondicionado – Teléfono
• Bar – Barra – Copero – Bancos de barra – Sillas – Mesas bajas	• Bar – Cristalería – Papelería – Contrabarra – Extintores – Sonido ambiental	• Bar – Aire acondicionado – Teléfono

– Iluminación indirecta – Ornamentos – Señalización		

Áreas de servicio

Mobiliario y decoración	Equipo de operación	Equipo fijo
• Sanitarios de empleados – Mamparas – Espejos – Señalización	• Sanitarios de empleados – Botes de basura – Jabón – Lockers	• Sanitarios de empleados – Extracción de aire
• Caja – Mesas corridas – Mostrador – Silla – Iluminación indirecta	• Caja – Caja registradora – Papelería – Racks (ordenadores) de comandas	• Caja – Aire acondicionado – Teléfono
• Comedor de empleados – Señalización – Bancos	• Comedor de empleados – Vajilla – Utensilios de cocina – Mesa caliente – Voceo – Extinguidores	• Comedor de empleados – Extracción de aire
• Cocina – Escritorio – Sillas – Estantería – Mesa de preparación	• Cocina – Baterías de cocina – Utensilios de cocina – Loza y plaqué – Botes de basura – Estufas – Mesa caliente – Freidor – Horno – Asador – Báscula – Refrigeración – Congelación – Filtro de agua – Mesa de servicio – Extintores	• Cocina – Extracción de aire – Teléfono

Áreas de servicio		
Mobiliario y decoración	*Equipo de operación*	*Equipo fijo*
• Barra bar – Barra – Copero – Señalización	• Barra bar – Cristalería – Refrigeración – Botes de basura – Extintor – Contrabarra – Papelería – Sonido ambiental	• Barra bar – Teléfono – Aire acondicionado

• Oficinas
 	
– Escritorios
– Sillas
– Sillones
– Estantería
– Archiveros
– Libreros
– Accesorios
  decorativos
	• Oficinas
	
	– Máquinas de
	  escribir
	– Máquinas
	  calculadoras
	– Artículos de
	  escritorio
	– Papelería
	– Extintores
		• Oficinas
		
		– Aire acondicionado
		  (opcional)
		– Teléfono

Áreas exteriores		
• Estacionamiento – Iluminación – Señalización	• Estacionamiento	• Estacionamiento
NOTA: El carácter del listado es enunciativo, no limitativo.		

Propuesta de especificaciones de mobiliario y equipo de la cafetería

Áreas públicas		
Mobiliario y decoración	*Equipo de operación*	*Equipo fijo*
• Área de mesas – Mesas – Bouths – Sillas – Cortinas – Iluminación	• Área de mesas – Equipo institucional – Mantelería y varios – Cuchillería y utensilios metálicos – Loza	• Área de mesas – Aire acondicionado – Teléfono

Mobiliario y decoración	Equipo de operación	Equipo fijo
indirecta – Accesorios decorativos – Ornamentos – Señalización	– Extintores – Sonido ambiental – Papelería	
• Área de espera – Sillones – Cortinas – Iluminación indirecta – Accesorios decorativos – Ornamentos – Señalización	• Área de espera – Sonido ambiental – Extintores	• Área de espera – Aire acondicionado
• Vestíbulo – Iluminación indirecta – Accesorios decorativos – Ornamentos – Señalización	• Vestíbulo – Sonido ambiental – Extintores	• Vestíbulo – Aire acondicionado

Áreas de servicio

Mobiliario y decoración	Equipo de operación	Equipo fijo
• Cocina – Escritorio – Silla – Estantería – Mesa de preparación	• Cocina – Baterías de cocina – Utensilios de cocina – Loza – Botes de basura – Estufas – Mesa caliente – Freidor – Horno – Asador – Báscula – Refrigeración – Congelación – Filtro de agua – Mesa de servicio – Extintores	• Cocina – Extracción de aire – Teléfono
• Caja – Señalización – Mostrador	• Caja – Caja registradora – Papelería	• Caja – Aire acondicionado – Teléfono

Áreas de servicio

Mobiliario y decoración	Equipo de operación	Equipo fijo
– Silla – Iluminación indirecta	– Racks (ordenadores) de comandas	
• Oficina	• Oficina	• Oficina

– Escritorio
– Sillas
– Estantería
– Archiveros
– Libreros
– Accesorios
  decorativos
	– Máquinas de escribir
	– Máquinas calculadoras
	– Artículos de escritorio
	– Papelería
	– Extintores
		– Aire acondicionado
		  (opcional)
		– Teléfono

Áreas exteriores		
• Estacionamiento	• Estacionamiento	• Estacionamiento
– Iluminación – Señalización		

Áreas públicas

Mobiliario y decoración	Equipo de operación	Equipo fijo
• Sanitarios públicos	• Sanitarios públicos	• Sanitarios públicos
– Mamparas – Espejos – Señalización – Ceniceros	– Botes de basura – Secadora eléctrica para manos – Jabonera	– Ventilación – Sistema de extracción
• Circulaciones	• Circulaciones	• Circulaciones
– Iluminación indirecta – Accesorios decorativos – Ornamentos – Señalización	– Sonido ambiental – Extintores	– Aire acondicionado

NOTA: El carácter del listado es enunciativo, no limitativo.

Cuadro de correlación funcional de áreas (Bar)

A = Relación directa.
B = Relación a través de otro espacio.
C = Relación indirecta.
D = No existe relación operativa ni contacto físico.

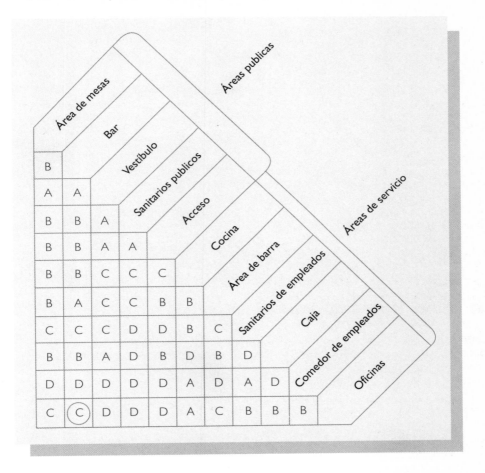

NOTA: La relación operativa que existe entre las diferentes áreas del restaurante de especialidades, es fundamental en el diseño arquitectónico. La matriz de funcionamiento indica el tipo de relación existente entre un local y otro.

Ejemplo:

Se desea saber qué relación existe entre bar y oficinas.

Procedimiento:

1. Localizar en áreas públicas el bar (lectura vertical).
2. Localizar en áreas de servicio las oficinas (lectura horizontal).
3. El punto de intersección de ambas columnas define la letra C (relación indirecta) como el tipo de relación que existe entre ambos espacios.

A = Relación directa.
B = Relación a través de otros espacios.
C = Relación indirecta.
D = No existe relación operativa ni contacto físico.

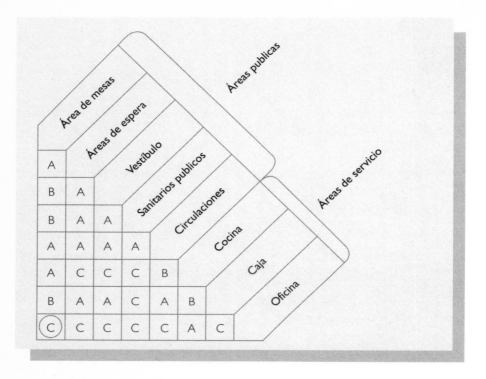

NOTA: La relación operativa que existe entre las diferentes áreas de la cafetería (servicio rápido) es fundamental en el diseño arquitectónico. La matriz de funcionamiento indica el tipo de relación existente entre un local y otro.

Ejemplo:

Se desea saber qué relación existe entre el área de mesas y oficinas.

Procedimiento:

1. Localizar en áreas públicas el área de mesas (lectura vertical).
2. Localizar en áreas de servicio las oficinas (lectura horizontal).
3. El punto de intersección de ambas columnas define la letra *C* (relación indirecta) como el tipo de relación existente entre ambos espacios.

Análisis de áreas requeridas en función del tamaño del proyecto

Análisis de áreas requeridas en función del tamaño del establecimiento de alimentos y bebidas

En esta sección se presenta un cuadro que muestra las áreas mínimas y máximas en función de dos diferentes tamaños de establecimientos de alimentos y bebidas para: restaurante de especialidades con 166 y 210 comensales y para cafetería con 60 y 120 comensales. Si se desea calcular las áreas de un proyecto que contemple ese número de comensales, se recomienda utilizar las superficies indicadas en la columna respectiva, según el caso.

Si el número de comensales proyectado es diferente a los mencionados anteriormente, el criterio general para la aplicación de los parámetros y el cálculo de áreas será el siguiente:

Para determinar el área de restaurante de especialidades para 260 comensales, será válido multiplicar los metros cuadrados por comensal, que se muestran en las dos primeras columnas de los cuadros de referencia por el número de comensales. Si se requiere saber, por ejemplo, la superficie máxima para el área del bar del restaurante de especialidades se deberá realizar la siguiente operación:

$$260 \text{ comensales} \times 0.61 \text{ m}^2/\text{comensal} = 158.60$$

Análisis de áreas requeridas en función del tamaño del restaurante de especialidades

Espacios	Metros cuadrados por comensal*		Áreas requeridas en función del número de comensales (cifras en m²)			
			166 *comensales*		210 *comensales*	
	Mínimo	*Máximo*	*Mínima*	*Máxima*	*Mínima*	*Máxima*
Áreas públicas						
• Área de mesas (120 personas)	1.80	2.00	298.20	331.90	378.00	420.00
• Bar (46 personas)	0.43	0.61	71.40	102.00	90.30	128.00
• Vestíbulo	0.25	0.33	41.30	55.10	47.20	62.30
• Sanitarios públicos	0.19	0.24	31.80	39.70	39.90	50.00
• Acceso	0.21	0.31	35.80	51.20	39.70	58.60
Total áreas públicas	2.88	3.49	479.00	579.90	595.10	718.90
Áreas de servicio						
• Cocina	0.85	1.00	141.50	166.70	160.70	190.00
• Barra bar	0.14	0.17	23.80	28.00	26.40	32.10
• Sanitarios de empleados	0.05	0.05	7.50	8.80	10.00	10.50
• Caja	0.04	0.05	7.00	7.60	8.50	10.50
• Comedor de empleados	0.04	0.05	6.80	8.00	8.50	10.50
• Oficinas	0.07	0.10	12.00	15.00	13.20	18.90
Total áreas de servicio	1.19	1.42	198.60	234.10	227.30	272.50
Total área construida	4.07	4.91	677.60	814.00	822.40	991.40
Áreas exteriores						
• Estacionamiento	Se deberá consultar el reglamento de construcción local.					

* Los metros cuadrados por comensal están referidos al número rector de 120 comensales para el área de mesas y 46 personas para el área de bar, lo cual da un total de 166 personas.

Análisis de áreas requeridas en función del tamaño de la cafetería

Espacios	Metros cuadrados por comensal*		Áreas requeridas en función del número de comensales (cifras en m²)			
			60 *comensales*		120 *comensales*	
	Mínimo	*Máximo*	*Mínima*	*Máxima*	*Mínima*	*Máxima*
Áreas públicas						
• Área de mesas	1.22	1.63	73.40	98.00	146.80	195.70
• Área de espera	0.13	0.15	7.50	8.80	15.00	17.60
• Vestíbulo	0.10	0.13	6.00	8.00	12.00	16.00
• Sanitarios públicos	0.20	0.24	12.00	14.20	24.20	28.50
Total áreas públicas	1.65	2.15	98.90	129.00	198.00	257.80
Áreas de servicio						
• Cocina	0.33	0.46	19.50	27.90	39.00	55.70
• Caja	0.02	0.03	2.00	2.50	3.00	3.40
• Oficina	0.07	0.08	3.60	4.80	8.00	9.00
Total áreas de servicio	0.42	0.57	25.10	35.20	50.00	68.10
Total área construida	2.07	2.72	124.00	164.20	248.00	325.90
• Estacionamiento	Se deberá consultar el reglamento de construcción local.					

* Los metros cuadrados por comensal están referidos al número rector de 120 comensales.

Documentos de orientación técnica publicados por la Subdirección General de Crédito el 30 de junio de 1986

- Reglas de operación de crédito.
- Solicitud de crédito para:

  - Hoteles de 1 a 3 estrellas.
  - Hoteles de 4 estrellas a gran turismo.
  - Empresas de tiempo compartido.
  - Condominio hotelero.
  - Establecimientos de alimentos y bebidas.
  - Albergues, balnearios, campamentos y estacionamientos de casas rodantes.

- Criterios básicos de diseño para:

  - Un hotel de 1 estrella.
  - Un hotel de 2 estrellas.
  - Un hotel de 3 estrellas.
  - Un hotel de 4 estrellas.
  - Un hotel de 5 estrellas.
  - Albergues.
  - Balnearios.
  - Campamentos.
  - Condominios hoteleros y empresas de tiempo compartido.
  - Establecimientos de alimentos y bebidas.
  - Estacionamientos de casas rodantes.

- Estructura porcentual de los ingresos, costos y gastos de operación de la hotelería mexicana de 1985.
- Estadísticas de financiamiento a la actividad turística, 1985.
- Resultados del programa de financiamiento a la actividad turística en el periodo 1983-1985.

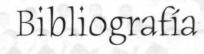

Bibliografía

Albertson, John, *Alcoholic Beverages*, Houghton y Mifflin, EUA, 1989.

Almada, Rafael, "México en la carta europea", en *Mundo ejecutivo*, núm. 224, diciembre de 1997.

Álvarez Aspero, J., *La viña, la vid y el vino*, Trillas, México, 1991.

Bebidas famosas del mundo: Cocteles, batidos, vinos y licores, bebidas calientes, ponches, bebidas sin alcohol, longdrinks..., 2a. ed., trad. de Julio Herrero, J. Tula y J. Fuentes, Everest, España, 1988.

"Bebidas nacionales", en *Guía México desconocido*, edición especial núm. 18, noviembre, 1994.

Criterios básicos de diseño para establecimientos de Alimentos y Bebidas, FONATUR, Dirección General de Crédito, México, 1983.

Darragh, Eva, "El vino", en *Geográfica Universal*, 3a. ed, **190** (3), México, noviembre de 1993.

Dupré, D., Harold, L., *Hospitality Word: An Introduction*, Van Nostrand Reinhold, EUA, 1997.

El gran libro del vino, Salvat, España, 1980.

"El Tequila, arte tradicional en México", en *Artes de México*, núm. 27, noviembre, 1994.

Eshbach, Charles E., *Administración de servicio de alimentos*, Diana, México, 1989.

Flores, M. Graciela, *Los vinos, los quesos y el pan*, Limusa, México, 1995.

"Gran Atlas Mundial de la Cerveza", en *Geografía Universal*, Editores, México, 1989.

Hernández, Francisco, *Historia de la Nueva España*, vol. I, UNAM, México, 1995.

Horwath Ernest *et. al.*, *Contabilidad para hoteles*, Diana, México, 1982.

Johnson Hugh, *El vino. Atlas Mundial de Vinos y Licores*, Blume, Barcelona, España, 1985.

Lambertine, Leonie Comblence, *Administración de bar, cafetería y restaurante*, CECSA, México, 1982.

Lane Harold E. y Denise Dupré, *Hospitality world. An Introduction*, Van Nostrand Reinhold, EUA, 1997.

Libro de los combinados, Publicaciones en español, Organización Editorial Novaro, México, 1980.

Lillicrap, *Servicio de alimentos y bebidas*, Diana, México, 1982.

Manuales seccionales de capacitación de CANIRAC, Secretaría del Trabajo y Previsión Social, Sistema General de Capacitación y Adiestramiento, México, 1985 y 1986.

Morales, Ángel, *La cultura del vino en México*, Ediciones Castillo, México, 1980.

Ninemeier, Jack D., *Planning a Control for Food & Beverage Operation*, Educational Institute American Hotel y Motel Association, EUA, 1989.

Noguera, P., *Vinos de España, Club de Gourmetes*, 4a. ed., Madrid, España, 1973.

Panero, Julius y Martin Zelnik, *Las dimensiones humanas en los espacios interiores. Estándares antropométricos*, Gustavo Gili, España, 1987.

Peynaud, E., *Bebidas famosas del mundo*, 2a. ed., Lérida, España, 1986.

Reynoso Ron, Javier, *Tratado de Alimentos y Bebidas I: Normas del Servicio*, Limusa, México, 1989.

Rocco M. Angelo y Andrew N. Vladimir, *An introduction to Hospitality Today*, Educational Institute of the American Hotel y Motel Association, 1994.

Rochat, Michel, *Gestion de la restauration*, Mundi, Suiza, 1973.

Serra, Javier, *Servicios hoteleros*, Paraninfo, Madrid, España, 1992.

Share, R., *Official Bartender's Guide*, 63a. ed., Everest, EUA, 1993.

Tavernier, Ma. Luisa, *El vino y las letras*, Diana, México, 1994.

Torruco Miguel y Manuel Ramírez, *Servicios turísticos*, Diana, México, 1987.

Villar Antonio, *Diplomado en administración de restaurantes*, Universidad de las Américas-Puebla, México, 1991.

Youshimatz N., Alfredo, *Control de costos de alimentos y bebidas*, Diana, México, 1989.

Zraly, Kevin, *Wine course. Windows on the world*, Sterling Publishing, EUA, 1986.

Índice analítico

La publicación de esta obra la realizó
Editorial Trillas, S. A. de C. V.

División Administrativa, Av. Río Churubusco 385,
Col. Pedro María Anaya, C. P. 03340, México, D. F.
Tel. 56884233, FAX 56041364

División Comercial, Calz. de la Viga 1132, C. P. 09439
México, D. F. Tel. 56330995, FAX 56330870

Se imprimió en
septiembre de 2006,
en Impresora Publimex, S. A.
BM2 100 TW